가면을
벗어던질
용기

KB191828

진짜 내 모습을
들킬까 봐 불안한
임포스터를 위한 심리학

오다카 지에 지음 · 정미애 옮김

가면을
벗어던질
용기

21세기북스

안녕하세요, 독자 여러분. 멘탈 헬스 케어 & 매니지먼트 살롱 대표를 맡고 있는 공인 심리사 오다카 지에입니다.

'임포스터 증후군'이 무엇인지 아직 잘 모르는 분이 많은 듯합니다. 임포스터 증후군을 간단히 설명하자면 '자기 능력이나 성과를 스스로 인정하지 못하고, 주위에서 좋은 평가를 받더라도 사람들을 속이고 있다고 느끼는 심리 상태'를 말합니다. 저는 임포스터 증후군이야말로 현대 사회에서 널리 알려져야 할 증상 가운데 하나라고 생각합니다.

최근 들어 진정한 나를 찾지 못해 괴로워하는 사람이 많아졌습니다. SNS가 유행하면서 일어난 일입니다. 평범한 사람도 하룻밤 사이에 대중의 주목을 받는 일이 더는 특별한 일이 아닌 세상이 되었습니다. 언뜻 근사해 보이지만, 막상 당사자가 되어 보면 감정이 상황 변화에 따라가지 못해 괴로워하는 경우도 드물지 않습니다. 한편 여성의 사회 진출이 활발해지면서 사회적으로 높은 지위에 오르는 여성이 늘어났는데도, 오히려 부담을 느껴 힘들어하는 사람도 의외로 많습니다.

이런 현상은 제가 평소 진행하는 상담이나 세미나를 통해 실감하고 있습니다. 저는 이처럼 타인에게 쉽게 털어놓기 힘든 고통을 겪는 사람들 대다수가 임포스터 증후군을 겪고 있을 가능성이 높다고 생각합니다.

이 책에서는 지금 꼭 알아둬야 할 임포스터 증후군에 대한 기초 지식부터 이를 극복할 수 있는 방법까지 다양한 내용을 소개합니다. 극복의 열쇠가 되는 자기 긍정감을 높이는 포인트도 담았으니, 자신감이 부족한 분도 꼭 한번 읽어보셨으면 합니다.

마음이 괴로우면 참 힘들지만, 그 이유를 알면 대처 방법이 보이기 마련입니다. 이 책이 그런 길잡이가 될 수 있다면 그보다 더 기쁜 일은 없을 듯합니다.

차례

PART 2

임포스터 증후군 이겨 내기

Chapter 1

나에게도 남에게도 감정적으로 굴지 않는 법

Chapter 2

내가 나를 사랑하는 법

Chapter 3

내 마음을 지키는 자기 긍정감의 마법

PART 1

임포스터 증후군 이해하기

임포스터 증후군의
올바른 이해

'임포스터'는 무슨 뜻일까? 영어에
능통한 사람이라면 알 수 있지만,
처음 듣는 사람도 꽤 있을 듯싶다.
먼저 임포스터라는 단어에 담긴 의미를 분석하고
이해하면서 임포스터 증후군이 무엇인지
대략적으로 파악해 보자.

임포스터 증후군이란
무엇인가?

사기꾼 증후군, 가면 증후군

임포스터는 영어로 'Imposter'이며 '사기꾼' 혹은 '가짜' 등으로 번역한다. 그래서 임포스터 증후군은 '사기꾼 증후군' 또는 '가면 증후군'이라고도 한다. 그렇다면 임포스터 증후군 또는 사기꾼 증후군이란 무엇일까? 물론 진짜 사기꾼을 가리켜 임포스터 증후군이라고 부르지는 않는다. 그렇다면 왜 임포스터라는 단어를 사용하는지 그 이유를 생각해 보자.

힌트는 '남을 속이는' 사기꾼의 행동에 있다. 임포스터 증후군은 사기꾼처럼 남을 속이는 행동을 표현하기 위해 '임포스터'라는 말을 사용한다.

그래서 내가 사기꾼이라고?

아무래도 '속이다'라는 행위는 좋은 이미지는 아니다. '남을 속인다면 임포스터 증후군인 사람은 역시 사기꾼 아닌가?' 하면서 눈살을 찌푸리는 사람도 있을 수 있다. 그러나 임포스터 증후군인 사람이 실제로 누군가를 속이거나 기만하거나 얕보는 것은 아니다. 실제로 타인에게 피해를 주는 행동을 하는 건 아니라는 의미다.

그런데도 임포스터라는 말을 사용하는 이유는 임포스터 증후군인 사람이 마음속으로 '남을 속이는 듯한 기분'을 느끼기 때문이다. 요약하자면, 누구도 지적하지 않았지만 스스로 사기꾼이라고 여기며 불안과 괴로움에 시달리는 증상이다.

가면을 쓴 내 모습 때문에
괴로울 때

과대평가 받는다는 느낌

임포스터 증후군에 빠지면 '내가 생각하는 자신의 능력 이상으로 주변 사람이 자신을 높이 평가한다'라고 느끼기 때문에 남을 속이는 듯한 기분이 든다. 주변에서 아무리 칭찬하더라도 자기 평가와 타인의 평가가 다르다는 괴리감에 괴로운 것이다. 자신감의 부족과 스스로를 과소평가하는 탓이다.

'주변 사람이 자신을 높이 평가해 주면 보통 기쁘지 않나?'라며 고개를 갸웃거리는 사람도 있을 수 있다. 이해를 돕기 위해 한 가지 예를 들어 보겠다.

갑작스럽게 유명해진 A씨의 사례

먼저 자신의 특기나 장점 등 다른 사람보다 뛰어나다고 생각하는 점이 무엇인지 생각해 보자. 무엇이든 상관없다. 운동신경이 뛰어나다, 패션 감각이 좋다, 이야기를 재미있게 한다, 노래를 잘한다, 그림을 잘 그린다, 업무 처리가 정확하다, 기획력이 탁월하다… 다양한 장점이 떠오를 것이다.

장점을 떠올렸다면 이번에는 다음에 소개할 A씨의 사례를 여러분의 특기나 장점으로 바꿔서 만일 내가 A씨라면 어떻게 생각할지 상상하며 읽어보자.

A씨는 노래하는 걸 무척 좋아한다. 어릴 때부터 노래를 부르면 늘 잘한다는 칭찬을 들었고, 그것이 몹시 기뻤다. 취미가 노래방에서 노래하기일 정도로, 노래는 A씨 최고의 스트레스 해소법이었다. 자신보다 노래를 잘하는 사람이 많다는 것도 알지만, A씨는 자기 노래도 나쁘지 않다고 생각했다.

어느 날 A씨는 SNS에 노래 부르는 동영상을 올렸다. 자신의 영상을 볼 사람은 기껏해야 친구나 지인 정도겠지만 마음을 담아 노래하는 모습을 한 사람이라도 더 보고 무언가를 느낀다면 기쁠 듯싶었다.

그런데 그렇게 아무 생각 없이 올린 영상이 A씨의 운명을 바꾸었다. 우연히 A씨의 영상을 본 인기 인플루언서가 호의적인 반응의 영상을 퍼뜨리면서 큰 주목을 받게 된 것이다. 정신을 차려 보니 A씨는 하루아침에 화제의 인물이 돼 있었다.

생각지도 못한 반응에 A씨는 기뻐하면서도 놀라움을 감추지 못했다. 그러나 그 놀라움이 채 가시기도 전에 A씨를 더욱 놀라게 하는 일이 벌어졌다. A씨의 영상을 본 방송국 피디가 출연 제의를 한 것이다.

공중파 방송에서 자신의 노래를 선보일 수 있다는 건 꿈같은 이야기였지만, A씨는 무대에서 노래를 잘할 자신이 없어 불안했다. 실수하느니 거절하는 편이 낫겠다 싶기도 했지만 거절하기에는 아쉬움이 컸고, 고민 끝에 출연하기로 마음먹었다.

출연 당일, 지금껏 경험한 적 없는 화려한 무대가 A씨를 기다리고 있었다. 수많은 카메라와 관객들에 둘러싸여 화면으로만 보던 사회자와 말을 주고받은 A씨는 잔뜩 긴장한 상태였지만 최선을 다해 노래를 불렀다. 중간에 실수도 있었지만 열창이 끝나자 큰 박수와 환호성에 휩싸였고, 많은 사람들에게 수고했다는 말을 들었다.

대중들의 반응이 어떨지 기대와 불안이 뒤섞인 가운데

방송이 공개되었다. 다행히 보는 사람을 편안하게 해 주는 A씨의 솔직한 말이 많은 공감을 얻었다. SNS에는 방송을 본 시청자들의 따뜻한 댓글로 넘쳐났고, A씨는 단숨에 화제의 주인공으로 떠올랐다. 가족이나 친구들은 물론 연락이 끊겼던 지인들한테서도 축하와 칭찬의 말이 쏟아져 답장을 다 하지 못할 정도였다. 한번 인기에 불이 붙자 연이어 출연 제의가 들어왔고, 동경하던 일류 아티스트와 어깨를 나란히 하는 음악 방송 출연도 결정됐다. 이처럼 완전 무명이었던 A씨는 눈 깜짝할 사이에 주위의 기대와 부러움을 한 몸에 받는 존재로 급부상했다. 마치 보이지 않는 힘에 이끌리듯 일상이 급변해 다시 태어나기라도 한 것 같은 기분이었다.

자, 어떤가? 이런 이야기는 다소 극단적인 사례이지만, 여러분이 A씨라면 어떤 기분이 들겠는가? 아마 '이런 행운이 나에게 찾아오다니'라고 생각하는 사람도 있을 것이고 '이제야 세상이 나를 알아보는군!' 하며 기뻐하는 사람도 있을 것이다. 물론 누군가에게 인정받으면 기뻐하는 것이 당연하다. 계속 그렇게 긍정적인 감정만 솟아난다면 임포스터 증후군에 빠질 가능성은 적다.

그러나 처음에는 기쁠지 모르지만 착실히 단계를 밟아

올라간 것도 아니고, 자기 실력을 자신도 잘 모르는 상태에서 갑자기 인기인의 반열에 올라 주위의 기대를 한 몸에 받게 된 거라면 마냥 기뻐할 수만 있을까? 너무도 급격한 변화에 적응하지 못한다면 기쁜 감정보다는 불편함을 느끼는 사람도 적지 않을 것이다.

A씨의 사례로 설명하자면,

나는 아직 이런 대단한 자리에 설 수 있는 사람이 아닌데… 정말 이런 곳에서 노래해도 되는 걸까?
스타도 아니면서 스타 대접을 받다니 어쩌면 좋지…
금세 '별거 아니네'라며 사람들이 내 실체를 알아채는 건 아닐까?

이런 생각이 드는 것도 무리는 아니다. 마치 '나'라는 존재가 나도 모르는 곳에서 멋대로 날뛰고 있는데, 그것을 통제하지 못하는 일상이 이어진다면 당혹감을 감추지 못해 괴로워하며 고민하는 사람도 적지 않으리라. 그러니 갑작스레 찾아온 성공에 자신감을 잃고 불안해하는 것은 자연스러운 일이다.

실제 능력과는 무관하다

　이처럼 자기 평가와 타인의 평가 사이에서 괴리를 느낄 때 임포스터 증후군에 빠진다. 실제 본인의 실력과 능력은 중요하지 않다. 물론 객관적인 실력이 부족하다는 것을 본인도 인식하고 있고 그저 운이 좋아 스타가 됐다고 생각한다면, 주위의 높은 평가에 괴리감을 느끼는 것이 당연하다. 그러나 임포스터 증후군에 빠지는 것은 어디까지나 '스스로 어떻게 느끼느냐'에 달려 있다.

　시류에 편승해 운으로 스타가 된 상황이라 해도 충분히 좋은 평가를 받을 만한 실력을 갖췄다면 그 성공은 필연적이었을 수 있다. 그러나 아무리 객관적으로 충분한 실력을 갖추었다 해도 스스로를 좋게 평가하지 못하거나 자신감이 부족하다면 '주위에서 과대평가하고 있어', '이 성공은 내 실력으로 이룬 게 아니야'라고 느낀다. 그래서 '사람들을 속이는 것 같아'라는 심정에 괴로워하는 것이다.

　임포스터 증후군의 심리 상태에 대해 조금이나마 이해가 됐는지 모르겠다. 성공한 사람을 보면 부러운 마음이 들기도 하지만, 성공한 사람처럼 보여도 남들이 부러워할 만큼 내면까지 기쁨으로 충만하리라는 보장은 없는 법이다.

여성에게 더욱 가혹한
임포스터 증후군

1978년, 임포스터 증후군의 첫 발견

지금까지 세미나와 강연이 있을 때마다 임포스터 증후군에 관해 수없이 이야기해 왔지만, 내가 말을 꺼내기 전에 알고 있는 사람은 그리 많지 않았다. 오히려 처음 듣는다는 사람이 대부분이었다. 지금 이 책을 읽고 있는 독자 중에도 이런 개념이 있다는 사실을 몰랐던 사람이 적지 않을 듯싶다.

대중에게 잘 알려지지 않았다고 해서 최근에 등장한 개념은 아니다. 임포스터 증후군이라는 개념이 처음 보고된 시기는 지금으로부터 무려 40여 년 전이다. 1978년, 두 명의 심리학자 폴린 로즈 클랜스Pauline R. Clance 박사와 수잔 임스 Suzanne A. Imes 박사가 〈The imposter phenomenon in high achieving women〉이라는 논문을 발표하면서 임포스터 증후군이라는 개념이 처음 세상에 알려졌다.

사회적으로 성공한 여성들의 그늘

이 논문은 두 박사가 사회적으로 성공한 150명 이상의 여성을 5년 동안 조사한 결과를 분석해 정리한 것이다. 이 연구를 통해 학문 분야에서 좋은 성과를 거뒀거나, 전문 분야에서 탁월한 업적을 세워서 동료들에게 존경받는 여성 중에도 자신을 지적인 사람이라고 생각하지 않거나, 주변을 속이고 있다는 생각에 성공했다는 느낌을 받지 못하는 이들이 있다는 사실이 밝혀졌다. 두 박사는 이런 현상을 '임포스터 증후군'이라고 명명했다.

이 증후군은 자신의 무능함이 들통날까 걱정하는 것이 증상이기에, 이런 감정을 공개하길 꺼리는 사람이 대부분이다. 따라서 알려진 것보다 많은 사람들이 겪고 있는 문제라고 예상한다.

자신을 사기꾼처럼 느끼는 두 그룹

폴린 로즈 클랜스 박사와 수잔 임스 박사는 이 논문에서 스스로를 사기꾼처럼 느끼는 여성에게는 두 가지 그룹이 존재한다고 보고, 자라 온 환경에 대해 각각 언급한다.

한 그룹은 '가족이 지적이라고 여기는 형제나 친척이 있는 여성'이다. 이 여성은 형제나 친척이 자신보다 학교 성적이 좋지 않음에도 가족 모두 다른 형제나 친척을 더 지적이라고 여기는 환경에서 자란 경우다. 이 여성은 우수한 성적을 거둬 교사에게 칭찬받고 스스로도 그 성과에 만족하지만 가족이 여전히 자신을 인정하지 않는 현실에 당황한다. 가족에게 인정받고 싶었던 그 여성은 급기야 가족의 생각이 옳고 자신은 부족한 사람이 아닐까 의심한다. 오히려 주위에서 자신을 높이 평가하는 게 맞는지에 대해 의문을 품게 되는 것이다.

다른 한 그룹은 '가족으로부터 지성, 성격, 외모, 재능 등 모든 점에서 뛰어나다는 평가를 받는 여성'이다. 이 여성은 아주 어릴 적부터 뛰어난 능력을 발휘해 가족으로부터 완벽한 아이라는 칭찬을 받으며 자란 경우다. 그러나 성장하는 과정에서 잘하고 싶었지만 그렇지 못한 경우도 경험한다. 가족의 기대에 부응해야 한다고 생각하지만, 아무리 노력하더라도 모든 면에서 계속 우수한 결과를 내기는 힘들다고 느낀다. 그런 현실인데도 부모는 여전히 자신을 칭찬하기에, 이 여성은 그런 부모의 인식이 잘못된 건 아닌지 의심하는 동시에 자신의 능력에 대해서도 의구심을 갖기에 이른다. 학교에서 좋은 성적을 받으려면 열심히 공부해야 하지만 부모는 '똑똑한 사람은 공부하지 않아도 성적이 좋다'라고 생각하고 있어서, 그 기준에 미치지 못하는 자신을 멍청하다고 생각한다. 그래서 부모 앞에서는 공부하지 않는 척하면서, 좋은 성적을 받기 위해 몰래 노력하게 된다. 그렇게 하면 부모를 속일 수 있다고 생각하지만, 동시에 자신이 가짜라는 생각이 점점 커져 가는 것이다.

임포스터 증후군을 고백한
유명인들

여성은 왜 자신의 성공을 의심할까?

폴린 로즈 클랜스 박사와 수잔 임스 박사가 임포스터 증후군 개념을 최초로 내놓은 1970년대는 현재와 비교할 수 없을 만큼 여성의 사회 진출이 흔치 않은 시대였다. 고위직에 오르거나 뛰어난 성공을 거둔 여성이 매우 드문 존재였기에 '모난 돌이 정 맞는다'라는 속담처럼 사회적으로 성공한 여성이 스스로 자신을 긍정하기 힘든 세상이었다.

그렇다면 그런 사회적 환경이 임포스터 증후군에 시달리는 여성을 만들어 낸 것일까? 꼭 그렇다고는 볼 수 없다. 그

이후 시대가 변해 여성의 사회 진출이 활발해졌음에도 임포
스터 증후군에 시달리는 여성은 사라지지 않았기 때문이다.

여성의 사회 진출을 가로막는 임포스터 증후군

현재는 1970년대와 비교하면 여성의 사회 진출이 상당
히 활발해졌다. 물론 여성이 활약하기 어려운 분야도 여전
히 많이 남아 있다. 2019년 프랑스에 출장 갔을 때 함께 일
했던 고위직 여성이 했던 다음과 같은 말이 지금까지도 내
기억에 인상 깊게 남아 있다.

프랑스도 겉으로는 남녀평등을 내세우고 있고 프랑스 여
성의 파워가 세다고들 하지만, 실제로는 그렇지 않아요.
여전히 남성의 파워가 더 센 것이 현실이고, 겉으로만 여
성이 더 세 보일 뿐입니다. 그건 다른 유럽 국가도 마찬가
지예요.

하기야 지금도 보여 주기식 남녀평등을 연출한다고 느낄
때가 종종 있다. 그럼에도 '#MeToo 운동'이 전 세계적으로
확산된 것처럼 여성이 목소리를 내려는 움직임도 늘어나고

있다. 국내에서도 아직 미흡하기는 하지만, 육아휴직만 보더라도 예전에 비하면 훨씬 수월해진 듯하다. 적어도 다양한 분야에서 활발히 활동하는 여성이 사회적으로 높은 평가를 받는 일이 드물지 않은 시대가 됐다.

시대가 변했다 해도 임포스터 증후군을 겪는 여성은 여전히 존재한다. 그뿐 아니라 오히려 현대사회의 문제로 대두되고 있다.

지속가능발전목표로 잘 알려진 'SDGs'의 목표 가운데 하나가 '양성평등의 실현'이다. 여성이 활약할 수 있는 사회를 더 빨리 만들어야 한다는 요구가 분출하는 가운데 여성의 사회 진출을 가로막는 요인으로 임포스터 증후군이 새삼 주목받고 있다.

임포스터 증후군을 고백한 유명인들

임포스터 증후군은 국내에서는 널리 알려지지 않았지만, 외국에서는 이미 많은 유명인의 고백으로 잘 알려져 있다.

가장 잘 알려진 사례 중 하나가 2008년 당시 페이스북 최고운영책임자로 취임한 셰릴 샌드버그Sheryl Sandberg의 경우다. 회사 조직 내에서 지위가 높아질수록 그 성공과 성과를 '내 실력으로 쟁취한 것'이라고 믿지 못하는 심리 상태에 빠지기 쉽기 때문에 성공한 경영자는 임포스터 증후군을 겪을 가능성이 크다고 할 수 있다. 2013년 셰릴 샌드버그는 자신의 저서 《LEAN IN》에서 임포스터 증후군 경향이 있음을 언급했다. 이 책이 세계적인 베스트셀러가 되면서 임포스터 증후군이 더 널리 알려지고 주목받기 시작했다.

경영자처럼 주위에서 성공한 것으로 인식하는 일정한 지위에 오른 사람은 자신의 자리를 의식하는 경우가 많아서, 자기 능력만으로 쟁취한 것으로 받아들이는 걸 어려워한다. 그래서 누구나 부러워하는 유명인이 임포스터 증후군으로 고통받는 사례는 결코 드문 일이 아니다. 잘 알려진 것처럼 엠마 왓슨이나 제시카 알바, 내털리 포트먼 같은 쟁쟁한 영화배우들뿐 아니라 전 미국 대통령 영부인이자 변호사로도 화려한 경력을 쌓은 미셸 오바마 역시 임포스터 증후군을 겪었다고 고백한 바 있다.

세상의 70%는 살면서
한 번은 임포스터 증후군을 겪는다

임포스터 증후군을 당연한 일로 여기자

내가 강연이나 세미나에서 임포스터 증후군에 관해 이
야기하면 "저도 임포스터 증후군인 것 같아요"라고 하는 사
람이 많다. 여기까지 읽은 독자 중에도 '나도 그런 것 같은
데…'라고 생각한 사람이 제법 있을 듯싶다.

그럴 만한 이유가 있으니, 그런 생각이 든다면 '당연한
일' 정도로 생각하자. '평생에 적어도 한 번은 임포스터 증
후군을 겪는 사람이 70퍼센트에 달한다'라는 연구 결과도
있을 정도이기 때문이다. 사람마다 느끼는 정도와 깊이는 다

르겠지만, 70퍼센트의 사람이 경험한다면 매우 흔한 일이라
고 할 수 있다.

여성만 겪는 일은 아니다

앞서 "임포스터 증후군은 여성의 사회 진출을 가로막는
요인으로 주목받고 있다"고 했듯이, 성별로 보면 여성이 남
성보다 임포스터 증후군을 더 많이 겪는 것처럼 보인다.

임포스터 증후군은 원래 여성 전문직 종사자를 대상으
로 한 연구에서 나온 개념이다. 인지심리학 연구에 따르면,
성공이나 실패에 대한 반응에는 뚜렷한 남녀 차이가 있다고
한다. 즉 남성은 성공을 자기 능력이나 재능, 노력 등 개인적
요소로 연결 짓고 실패는 외부 탓으로 돌리는 경향이 있는
반면, 여성은 성공이 타이밍이나 운 덕분이며 실패는 개인
적 결점이 원인이라고 생각하는 경향이 있다.

당연하게도 무엇을 어떻게 느끼는지 결정하는 것은 성별
이 아니다. 사람마다 느끼는 방식이 다른 것처럼 남성 중에
도 임포스터 증후군을 겪는 사람이 많다. 여성만 겪는 문제
가 아니니 '나도 그런 것 같은데…'라고 느끼는 남성들이 있
다면 걱정하지 않아도 된다.

감정을 억누르지 말고 인정하자

지금 이 순간에도 임포스터 증후군으로 고통받는 사람이 있다. 이 책을 읽고 자신에게 임포스터 증후군 경향이 있다는 걸 처음 깨달은 사람도 있을 것이다.

자신이 '임포스터 증후군인 것 같다'라는 생각이 들면 여러 감정이 떠오를 수 있다. 이를테면 이런 감정들 말이다.

'무서워.' '어쩌지? _____ 불안, 저항, 두려움
'할 말이 없어.' '부끄러워.' _____ 당혹감, 죄의식
'그럴 줄 알았어.' _____ 수긍, 인정
'그렇다면 어쩔 수 없지.' _____ 체념
'○○ 때문에 이렇게 됐어.' _____ 남 탓하는 감정
'내가 이 모양이니 이렇게 됐지.' ___ 자신을 탓하는 감정

이런 감정이 떠오른 사람에게 하고 싶은 말은, 그런 감정은 당연하며, 그럴 때 그 감정을 '인정하는 것'이 중요하다는 사실이다. 자신의 감각과 인식을 억압하지 말고 일단 인정하자. 그리고 그것을 어떻게 다뤄야 할지 냉정하게 구체적으로 생각하자. 당장 해결책을 찾으려 하지 말고 원인이나 이유를 찾는 일부터 시작하는 것이 중요하다.

이를 위한 힌트를 앞으로 소개할 테니, 임포스터 증후군에 관한 이해도를 높이고 극복하는 데 도움이 되기를 바란다. 무엇보다 전하고 싶은 말은 언뜻 자신만만하고 화려해 보이는 유명인 중에도 마음속으로는 비슷한 고통을 겪는 사람이 의외로 많다는 사실이다. '나 혼자'라고 생각하면 괴로운 일도 '나와 비슷한 사람이 있다'라는 사실을 깨닫게 되면 위로가 될 수 있다. '저렇게 대단해 보이는 사람도 나처럼 임포스터 증후군을 겪고 있구나'라고 생각하면 조금은 마음이 가벼워지지 않을까? '나만 그런 게 아니구나'라고 생각하면서 조금이나마 마음을 편하게 하자.

• summary •

지금까지 살펴본 내용을 짧게 정리해 보자

임포스터 증후군은 자신을 믿지 못해 자신감을 잃고 자기 평가와 타인의 평가 사이의 괴리에 괴로워하며, 자신의 역량 부족이 드러나는 건 아닌지 불안해하는 심리 상태를 말한다. 1978년에 처음 소개됐으며, 국내에서는 아직 널리 알려지지 않았지만 외국에서는 임포스터 증후군으로 고통받은 경험을 고백한 유명인이 많다.

Chapter 2

SNS는
어떻게 임포스터를
만들까?

임포스터 증후군은 국내에는 아직 대중적으로
알려지지 않아서 이를 겪고 있어도
잘 모르는 사람이 많다. 특히 최근에는 SNS의
인기로 인해 임포스터 증후군의 확산이
가속화되는 추세이다.

임포스터 증후군에 빠지기 쉬운 SNS 시대

임포스터 증후군은 성공의 크기와는 무관하다

지금까지 살펴봤듯이, 임포스터 증후군은 주위에서 좋은 평가를 받으면 '나는 주위에서 생각하는 것만큼 대단한 사람이 아니야'라고 생각하는 심리 상태를 말한다. 따라서 어떤 형태로든 '성공한' 사람들이 겪기 마련이다.

이를테면 인기 배우나 대세 연예인, 유명 운동선수, 베스트셀러 작가, 스타 강사, 인기 가수처럼 미디어에서 자주 보이는 사람은 '성공한 사람'이라는 이미지가 쉽게 떠오른다. 또 의사나 변호사, 대학교수 같은 직업을 가진 사람이나 대

기업 사장, 인기 가게의 경영자 같은 사람도 '성공한 사람'으로 보일 때가 많다.

이처럼 '이론의 여지가 없는 성공'을 한 사람이 아니더라도 본인이 '성장했다'라고 느끼는 일이 생기는 경우 임포스터 증후군을 겪을 가능성이 있다.

회사에서 중요한 직책을 맡았다.
프로젝트 리더로 발탁되었다.
팀의 주장으로 임명되었다.

이와 같이 '그 사람 나름의 성장'을 한 사람도 임포스터 증후군을 겪을 가능성이 충분하다.

이런 변화를 어떻게 느끼는지는 사람마다 다르다. 새로운 자리에서 씩씩하게 제 역할을 해내는 사람도 많지만 개중에는 주변의 과도한 기대를 부담스러워 하거나, 능력 밖의 역할이라며 우울해하는 사람도 있다. 또 처음에는 보람을 느끼며 적극적으로 해내다가도, 일이 잘 풀리지 않으면 고민에 빠져 '나는 이런 자리에 어울리는 인간이 아니야'라며 부정적으로 생각하는 사람도 있다.

성장을 느낄 기회는 쉽게 찾아오지 않는다

어떤 성장이든 하루하루 살아가는 동안 성장했다고 느끼는 기회는 쉽게 찾아오지 않는 법이다.

앞서 말했듯이, 임포스터 증후군은 원래 크게 성공한 여성에게 나타나는 현상에서 명명한 개념으로, 여기에서 '큰 성공'이란 한정된 사람에게만 해당하는 것이다.

그러나 큰 성과라고 할 정도는 아니더라도 자신이 속한 집단에서 '조금 지위가 상승'하면서 임포스터 증후군을 겪는 경우도 있다. 회사에서 승진하는 일은 보통 몇 년에 한 번꼴로 일어나는 일로 '해마다 승진'하는 사람이 있다면 이는 상당히 드문 사례다.

SNS의 보급이 가져온 열린 기회

지금까지는 성장을 느낄 기회가 쉽게 찾아오지 않는 것이 일반적이었지만, SNS의 유행으로 상황이 완전히 달라졌다. 이제 SNS를 활용하면 누구나 손쉽게 자신을 홍보할 수 있다. 대중적으로 알려지지 않은 사람이라도 SNS를 잘만 활용한다면 단숨에 팔로워 수십만, 수백만을 거느린 인기인이 되어, 순식간에 연예인처럼 주목받을 수 있게 된 것이다.

물론 SNS를 잘 활용한다고 해서 그런 성공을 쉽게 얻을 수 있는 것은 아니다. 성공하기 위해서는 통찰력, 기획력, 감각, 노력, 운 같은 다양한 요소가 필요하다.

SNS가 대중화되기 전까지는 유명인이 되기 위한 기회의 싹을 발견하는 것조차 어려운 상황이었다면, 지금은 적어도 기회를 잡기 위해 움직이는 것 정도는 누구나 할 수 있는 세상이 되었다. 실제 성공으로 이어질 수 있는지는 별개로 하더라도, 성공에 도전하는 일은 누구나 쉽게 할 수 있는 시대가 된 셈이다.

그런 차이는 상당히 크다. 아무런 기회도 찾지 못한다면 회사에 취직하거나 가게에서 일하는 것 외에는 선택의 여지가 없을 것이고, 평생 큰 관심을 끄는 일 없이 그저 평범하게 살아가야 할 수도 있다. 그런데 SNS에서 인기를 끌어 유명인이 된다면 그것만으로 먹고사는 일이 더는 꿈이 아니다. 소위 인플루언서라 불리는 이들이 사회에서 큰 영향력을 행사하고 있다는 것을 많은 사람이 실감하고 있다.

이는 인생의 가능성을 넓힌다는 측면에서는 멋진 일이다. 반면에 성공의 기회를 쉽게 잡을 수 있는 만큼 그 어느 때보다 임포스터 증후군에 취약한 사회가 된 것도 사실이다.

기회로만 여겨진
SNS의 명암

쉽게 성공할수록 걱정이 늘어난다

이처럼 SNS가 우리의 일상이 되면서, 그 장단점에 대해서도 다양한 의견이 나오고 있다.

트위터와 페이스북의 이용자로서, 내가 생각하고 느끼는 바를 손쉽게 다른 이들과 공유할 수 있다는 점은 정말 대단하다고 생각한다. 실생활에서는 만나기 힘든 세계 각지의 다양한 사람들과 교류할 수 있다는 점도 SNS만의 매력이다. 그뿐만 아니라 SNS는 정보를 입수할 때도 유용하며, 무엇보다 '재미있다'는 이유만으로도 사용하는 사람이 많다. SNS

가 사회에 어떤 식으로든 영향을 끼치는 미디어라는 것만큼은 틀림없는 사실이다.

한편 SNS 의존증이나 중독 같은 문제를 비롯한 SNS의 부정적인 측면도 자주 지적되고 있다. 특히 익명으로 이뤄지는 비방은 상대를 궁지에 몰아넣고 정신 건강에도 큰 악영향을 끼치는 심각한 사회문제로 떠오르고 있다.

이런 양면성을 지닌 SNS이기는 하지만, 앞서 말한 '성공을 쉽게 거머쥘 수 있는 도구'라는 측면뿐 아니라 '성공하는 방식'이라는 면에서도 임포스터 증후군에 빠질 가능성을 높이고 있는 것이 분명하다.

되고 싶고, 쟁취하고 싶은 꿈이 실현된다면 이보다 더 기쁜 일은 없다. SNS로 꿈을 이룰 기회가 많아진다면 정말 근사한 일이 아닐 수 없다. 그러나 SNS 세계에서는 보이지 않는 힘에 이끌리듯 쉽게 유명인이 되는 일이 자주 발생한다. 이처럼 순식간에 성공을 거머쥐는 경우 자칫 자신의 본질을 잃고 임포스터 증후군에 빠질 가능성이 높아진다.

충분히 노력하지 않았다는 찜찜함

직장 생활을 해본 사람이라면 처음 봉급을 받았을 때를 떠올려 보자. 어떤 기분이 들었는가?

대부분 무척 기뻤다고 답할 것 같다. 그렇다면 그 '기쁨'이라는 감정 속에 이런 느낌은 없었는지 생각해 보자.

이 돈은 내 힘으로 번 거야!

이를테면 성취감 같은 것 말이다. 처음 일을 시작하면 대개 익숙지 않은 일의 연속이라 실수도 하고 고생스러운 경우가 많다. 그래도 일을 마치면 보람이 있고 보상도 받을 수 있어서, 유달리 성취감을 느끼는 사람이 많다. 마찬가지로 자신이 해온 일이나 쌓아온 경험이 빛을 발해 지위나 명성을 얻으면 '이건 내 힘으로 쟁취한 거야'라고 느끼기도 한다.

학창 시절을 떠올려 보자. 학생 때는 학교에서 숙제를 내준다. 현재 학생 신분이라면 당장 해야 할 숙제가 있을 수도 있다. 숙제를 좋아하지 않는 사람이 많겠지만, 학교에서 숙제를 내주면 귀찮아도 어떻게든 스스로 해낸다. 하지만 개중에는 '다른 사람이 대신'해 주거나 '주변에 도와주는 사람'이 있는 경우도 있다.

여러분은 '스스로 숙제하는 것'과 '남이 해 주는 것'의 차이를 어떻게 생각하는가? 숙제의 가장 큰 목적이라 할 수 있는 '학력 향상'이라는 면에서 차이가 나는 것은 당연한 일이고, 정신적인 면에서도 큰 차이가 발생한다.

만일 부모가 대신 숙제를 해줬다면 편할지는 모른다. 숙제에 들이는 시간을 노는 데 쓰면 그 순간 만큼은 기분이 좋다. 그러나 스스로 숙제를 해냈을 때 '끝냈다!' '다 했다!' 같은 성취감을 얻는 반면 부모가 대신 해준 사람은 '내 힘으로 해냈다'는 느낌은 얻지 못한다.

이처럼 부모나 상사 등 다른 사람이 다 깔아준 레일 위를 착실히 밟아가며 무언가를 이룬다 한들 진정한 성취감은 얻기는 힘든 법이다. '스스로 최선을 다했다'라는 느낌이 있어야 비로소 성취감과 보람도 얻는다. 이런 경험이 쌓여야 결국 자신감으로 이어지는 법이다.

반대로 말하면, '그만큼 노력했다'라는 느낌 없이 얻은 것에 대해서는 진심으로 인정하지 못하고 왠지 가짜라는 느낌이 들 수밖에 없다.

SNS에서는 급격한 변화가 일어나기 쉽다

SNS에서는 이처럼 '스스로 노력했다'라는 느낌 없이도 보이지 않는 힘이 작용해 하루아침에 유명해지는 일이 쉽게 일어난다. SNS에서는 어떤 계기로 주목받을지 예측하기 힘든 면이 있어서, 한번 주목을 받으면 폭발적인 기세로 확산되기도 한다.

그래서 주변에서 볼 때는 성공을 거둔 것처럼 보여도, 본인은 그에 대한 성취감이나 만족감을 느끼지 못하는 경우가 적지 않다. 당사자가 어리둥절한 상태라면 유명해진다 한들 어딘가 모르게 만족스럽지 않은 것이 당연하다.

이처럼 SNS에서 폭발적으로 주목받는 느낌을 좀 더 실감할 수 있도록 경험담 하나를 소개하겠다.

예전에 한 TV 방송에 고정 출연하던 시기의 일이다. 당시 나는 이미 트위터를 시작한 상태였다. 하지만 대다수 사용자가 그렇듯이 적극적으로 사용하기보다는 평범한 일상을 주절주절 올리는 정도였다. 딱히 큰 반응이 오는 트윗을 하지 않는 평범한 사용자였는데, 하루는 별생각 없이 올린 트윗이 예상치 못한 사태를 불러왔다.

그 트윗 자체는 친척 아이를 격려하는 마음에서 무심코

올린 것이었다. 그러나 세상은 참 무섭다. 하필 그 트윗이 당시 내가 고정 출연하던 TV 방송의 내부 사정을 언급한 것이라며 한 출연자의 팬이 과도하게 해석했다.

"오다카는 뭔가 속사정을 알고 있는 게 틀림없어. 직접 말을 못 하니까 이런 트윗을 해서 간접적으로 알리려는 거야."

대충 이런 식으로 오해를 했다. 지금 돌아보면 '그런 식으로도 해석이 될 수 있구나'라는 생각이 들기도 하지만, 완전히 엉뚱한 억측이었다. 그러나 그런 오해에 불이 붙는 데는 신빙성 여부 따윈 상관없었다. 아무 근거 없는 추측이 순식간에 퍼져 나가자 의도치 않게 SNS에서 큰 관심을 끌게 되었다.

처음에는 아무것도 모른 채 지내다가 "요즘 사람들이 네 얘기를 하던데, 무슨 일 있었어?"라는 친구의 연락을 받고서야 내가 사건의 중심인물이 됐다는 사실을 깨달았다. 그때 일은 지금도 또렷이 기억한다.

무심코 올린 트윗에 생전 처음 보는 폭발적 반응이 쏟아지는 것을 보자 어안이 벙벙했다. 이른바 '악성 댓글'에 시달린 건 아니지만, 사실이 아닌 내용이 마치 사실인 것처럼 사람들의 입에 오르내리면서 억측이 억측을 낳았고 이야기는 점점 부풀어 올랐다. 설마 그런 일이 벌어질 거라고는 꿈에도 몰랐기에, 초조감 같은 것이 밀려와 가슴을 옥죄는 기분이었다.

사태가 그 지경이 되어도 내가 할 수 있는 일은 아무것도 없었다. '이렇게 난리가 났으니 무슨 말을 해도 불에 기름을 붓는 꼴이야. 시간이 좀 지나면 가라앉을 테니 사태를 지켜보자'라는 생각에 조용히 지낼 수밖에 없었다. 실제로 폭풍은 며칠 만에 잦아들었지만, 예측 불능의 관심이 쏟아졌던 그 며칠간은 두려움을 느낄 정도로 괴로운 시간이었다.

유명해진 만큼 추락을 걱정하게 된다

나에게 일어난 일이 반드시 일반적이라고 할 수는 없지만, 이처럼 SNS에서는 어떤 계기로 단숨에 화제가 되고 주목받는 일이 종종 일어난다. 그래서 가벼운 마음으로 시작한 SNS가 주위 친구들의 관심과 호응으로 본인의 의도나 행동과는 무관하게 큰 주목을 받아 유명인이 되는 일도 충분히 일어날 수 있다. 그럴 때 사람들은 어떻게 느낄까?

SNS를 하면서 좋은 반응이 오면 보통은 기쁘기 마련이
지만 그것도 정도의 문제다. 자신의 예상을 훨씬 뛰어넘는
폭발적 반응이 쏟아진다면 대다수 사용자는 기쁘다기보다
는 당혹스럽다. 정체를 알 수 없는, 보이지 않는 힘 같은 것
이 느껴지니 왠지 오싹하고, 주목을 받을수록 다음과 같은
심정이 든다.

난 아무것도 한 게 없는데…
이건 진짜 내 실력으로 얻은 게 아니야…
팔로워가 이만큼 늘었다고 하지만, 내가 사람들을 속이
고 있는 게 아닐까?
운이 좋았을 뿐 얼마 안 가 외면당하지는 않을까?

SNS가 임포스터 증후군을
유발하는 이유

반짝 인기 외에도 다른 이유가 있다

SNS로 유명해지면 왜 임포스터 증후군에 취약해지는지 어느 정도 감이 왔을 것이다. 사실 단숨에 유명해지는 것만이 그 이유는 아니다. 유명해진 채로 '살아가야' 한다는 사실을 종종 간과하곤 한다. 대부분의 문제는 여기서 발생한다. 그 밖에도 생각해 볼 수 있는 몇 가지 이유에 대해 지금부터 자세히 살펴보기로 하자.

연기 중인 모습이 일상을 침범한다

- **계속된 연기의 피로감**

우선 첫 번째 이유는 SNS 속의 자신을 계속 연기해야 한다는 사실에 지치기 때문이다.

있는 그대로의 모습이 세상에 드러나 인기를 얻으면 좋겠지만, 관심을 끌기 위해 실제와 다른 나를 SNS에서 연기해야 할 때가 적지 않다. 주목받고 싶어서 필사적일 때는 가짜 나를 연기하는 것이 그리 불편하지 않을지 몰라도, 막상 주목을 받고 나면 이야기가 달라진다. 가짜 모습만 알고 있는 사람은 가짜 나를 진짜 나라고 생각하고 대하기 때문이다.

진짜 내 모습은 그렇지 않은데…
그냥 연기하는 것뿐인데…

마음속에서 아무리 갈등한들 그렇게 보이게 한 사람은 다름 아닌 나 자신이다. '진짜 나는 그렇지 않아'라는 생각이 강하더라도 '이 인기는 가짜 나를 연기했기 때문'이라고 생각한다면 연기를 쉽게 멈추지 못한다. 인기가 커지면 커질수록 포기하기가 더 힘들어진다. 어느 정도 인기를 얻으면 후원자가 붙기도 한다. 그러면 이제는 개인의 문제가 아니다. 속으로는 '난 절대 이런 사람이 아니야!'라고 생각해도 연기를 계속해야만 하는 것이다.

• 영상 속에서는 화목하지만 실제로는?

공인 심리사와 정신 건강 상담사 자격으로 지금까지 몇 차례 유명 인플루언서의 행사에 참석한 적이 있다. 나는 그곳에서 실제 자신과의 괴리로 인해 괴로워하는 사람을 많이 만났다.

예를 들어 커플이 함께 인플루언서로 활동하면서 알콩달콩한 영상으로 인기를 얻는 경우가 있었는데, 사람들은 이들을 보면서 이런 생각을 하곤 했다.

파트너와 단 한 번도 다투지 않을까?
아무 불만 없이 눈에 콩깍지가 씐 상태를 유지할 수 있을까?

물론 운명의 짝을 만나 전혀 불만 없이 지내는 사람도 있겠지만, 대다수 사람은 다소 불만이 있더라도 그 단점들도 포함해 상대를 받아들인다. 그것이 현실 연애이지만, 커플 영상을 보고 기분 좋아지고 싶은 사람들은 그런 현실보다는 행복해 보이는 두 사람의 모습을 보고 싶어 한다. 친구의 연애 이야기라면 작은 불평 정도는 들어줄 수 있지만, 스스로 선택해서 시청하는 영상에서만큼은 드라마나 영화의 러브스토리처럼 비일상적인 로맨스를 기대하는 사람이 많다.

커플 인플루언서 역시 기본적으로는 행복해 보이는 영상을 올리지만, 사실 촬영이 끝난 뒤에는 크게 싸우기도 한다. 오랫동안 함께 지내다 보면 차츰 애정도 식어 가겠지만, 영상 속에서는 그야말로 죽고 못 사는 커플을 연기해야 한다. 그렇게 가면 쓴 나를 연기하다 보면 마음이 점차 피폐해진다. 그래도 한 달에 한 번꼴로 영상을 올리는 정도라면 '이건 어디까지나 일'이라고 선을 긋고 마음을 다잡을 수 있을지 모른다. 하지만 일주일에 몇 편씩 영상을 올리는 경우라면 견디기 힘들 수 있다. 서로에 대한 불편함과 불신감을 떨쳐내지 못한 채 계속 콘텐츠를 만드는 일상이 지속되는 것이다. 그래도 각자 사는 곳이 다르다면 한숨 돌릴 시간이라도 날 텐데, 함께 산다면 마음 둘 곳이 어디에도 없다.

SNS는 사용자가 서로 자발적으로 소통하는 공간이므로, 사용자가 원할 때 이용하면 되고 하다가 그만둬도 상관없다. 그러나 눈앞의 콘텐츠를 완성하는 데 급급하다 보면 그만둘 타이밍을 놓치고 만다. 안 그래도 팬들의 기대에 부응해야 한다는 부담감이 있는데 "실은 사이가 그리 좋진 않아요"라며 팬들의 기대에 어긋나는 고백을 하려면 상당한 용기가 필요하다. 어느 정도 인기가 오르면 스태프와 후원자가 붙기도 한다. 그때는 두 사람만의 문제로 끝날 상황이 아니니 더욱더 멈추기 힘들어진다.

그래서 "사이좋은 두 사람을 보면 행복해져요", "늘 알콩달콩한 두 사람이 정말 부러워요", "잘 어울리는 두 사람이 앞으로도 계속 행복했으면 좋겠어요" 같은 팬들의 댓글을 받으면, 처음에는 기뻤던 그 말들이 갈수록 부담스러워진다.

그렇게 마음이 지칠 대로 지쳐도 카메라 앞에서는 늘 웃는 얼굴로 행복해 보이는 모습을 연기하다 보면 다음과 같은 심리 상태가 된다.

이제 어떻게 해야 할지 모르겠어…
언제까지 이렇게 살아야 할까…
정말 좋아했는데 이젠 넌덜머리가 날 것 같아…
사실은 그렇게 사이가 좋지 않은데, 사람들을 속이는 것 같아…

실제 나와의 괴리가 자신을 부정적으로 보게 한다

• 실제 상황에서도 똑같이 잘할 수 없다

SNS를 통해 인기를 얻으면 '현실의 나와 SNS에서의 나 사이에 괴리감이 생겨 자신을 부정적으로 인식'하게 된다는 점도 임포스터 증후군에 취약해지는 이유 가운데 하나다.

이를테면, 카메라 앞에서 혼자 이야기할 때는 잘 연출해서 재미있게 만들 수 있지만, 직접 만나서 실제로 대화할 때는 재미없는 사람도 있다. 그런 사람은 직접 누군가와 대면했을 때, 따분하기 그지없는 현실의 자신을 통감하며 자신감을 잃을 수 있다.

가령 상대방이 SNS를 보고 '재미있는 사람'이라고 생각하면서 "○○씨는 정말 재미있으세요!"라고 칭찬하는 인사를 건네지만 실제 대화에는 서툰 사람이라면 SNS 속의 자신처럼 재치 있게 대꾸하지 못한다. 그래서 상대가 '이 사람, 알고 보니 재미없네'라고 생각할까 봐 불안해지기도 하고, '어차피 실제 내 모습은 따분한 사람이야…'라며 자기혐오에 빠질 수도 있다.

그래서 SNS 세계에서는 성공한 유명인 같지만 '실제 내 생활수준은 그리 높지 않아' 혹은 '현실의 나는 재미있는 사람이 아니야' 같은 기분이 드는 것이다.

인기 유지를 위해 발악하다가 자아를 잃기도 한다

• 필사적으로 노력하는 동안 정작 내 일상은 따분해진다

또 하나, SNS에서 인기를 얻은 사람에게는 '인기 유지를 위해 발악하다가 자아를 상실'하는 현상이 흔히 보인다. 이 또한 임포스터 증후군에 취약한 이유 가운데 하나다.

SNS를 시작할 무렵에는 포스팅할 것이 많아서 별문제 없을 수 있다. 그러나 팬들이 좋아할 만한 포스팅을 계속하기란 여간 힘든 일이 아니다.

물론 어느 정도 유명해지면 싫어도 해야 할 때가 있다. 연예계 친구 중에는 직업상 SNS를 하고는 있지만 "솔직히 정말 힘들 때도 있다"라고 털어놓는 사람도 있다. SNS를 하기는 하지만 '솔직히 재미없다'라고 생각하는 사람도 많은 것이 현실이다.

그 번거로움을 자각하고 있을 때는 아직 SNS에 매몰된 상태가 아니라서 자아 상실 단계는 아닐 수 있다. 그러나 모처럼 얻은 인기를 잃을까 두려워서 '해야만 한다'라는 강박 관념에 사로잡혀 안간힘을 쓰다 보면 시야가 점점 좁아지고 자아를 잃게 된다. 일상이 팬들의 기대에 부응하기 위한 소재를 찾는 일로만 채워진다면, 정작 중요한 내 삶은 하찮고 따분해지는 것이다.

마음이 설레는 일이 있다면 인기의 크기는 중요하지 않다

이런 일들은 세상에 널리 알려져 인기를 얻는 경우뿐 아니라 '한정된 관계 안에서 주목받는' 상황에서도 일어난다. SNS를 하다 보면, 남들이 어떻게 생각하든 스스로 마음 설레는 경험을 비교적 쉽게 하게 된다.

이를테면 다음과 같은 사례를 상상해 보자.

아이가 웬만큼 자라서 시간적인 여유가 생긴 전업주부가 트위터에 취미에 관한 트윗을 하기 시작했다. 팔로워 수가 얼마 안 되는 데다 트윗에 '좋아요'가 달리는 일도 거의 없었다. 그러던 어느 날 무심코 올린 트윗이 화제를 모으면서 100개 이상의 '좋아요'가 달렸고, 난생처음 얼굴도 모르는 사람에게 칭찬 댓글도 받았다.

자, 이런 일이 일어났다면 어떤 기분이 들까? 내가 올린 글에 호의적인 반응이 돌아오면 일단 기분이 좋다. 그동안 작은 반응에도 만족했던 것이, 깜짝 놀랄 만큼 '좋아요'가 달리고 만나 본 적도 없는 누군가의 칭찬 댓글까지 달리면 기분이 들뜨는 건 당연하다. 물론 다소 기분이 들뜨는 정도야 괜찮을 수 있지만, 그 일을 계기로 SNS에 빠지기 시작하면 순식간에 인기를 유지하고자 아등바등하는 사람과 똑같은 상태가 될 수 있다.

인간은 즐거운 일에 끌린다

쉽게 연결되는 SNS상의 관계는 피상적이라는 사실을 부정할 수 없다. 현실 세계에서 사람들과 꾸준히 관계를 맺으며 어느 정도 인생 경험을 쌓다 보면, 사람과 사람 간의 신뢰 관계가 그리 쉽게 형성되는 것이 아님을 알 수 있다. 그런데 어느 정도 나이가 든 사람이 갑자기 주위에서 자신을 추켜세우는 경험을 하면 현실 세계에서 경험한 인간관계 본래의 번거로움을 잊고 '세상에는 이렇게 근사한 세계가 존재하는구나!' 싶어질 수 있다. 나이가 들면 몸과 마음이 경직돼서 무언가를 바꾸기가 힘들어진다. 그런데 갑자기 '좋아요'가 잔뜩 달리는 경험을 하면 SNS 화면 밖에 존재하는 현실 세계가 잘 보이지 않게 된다.

사람은 아무래도 즐거운 일에 끌린다. 현실 세계에서는 쉽게 들을 수 없었던 칭찬이 SNS 세계에서는 너무 쉽게 쏟아진다면, 그쪽으로 마음이 가는 것도 어쩌면 당연한 일일지 모른다.

현실을 받아들이지 못하고 SNS에만 의존한다

그러나 계속 칭찬을 받기란 쉬운 일이 아니다. 처음에는 작은 칭찬에도 신선한 기쁨을 느끼다가도 칭찬이 계속되면 사소한 칭찬은 당연시한다. 이때 현실을 받아들이고 평온한 일상으로 돌아가면 다행이지만, 한번 들뜬 일상을 경험하면 자극이 적은 날은 왠지 따분해진다.

그래서 좋은 반응이 올 만한 소재를 찾아 헤매고, 칭찬을 듣기 위해 팔로잉하는 사람을 자꾸 늘리고, 이 사람 저 사람에게 댓글을 남기다 보면 SNS 의존이 시작되는 것이다. 정신 차리고 보니 SNS에 쫓겨 하루가 순식간에 다 가는 상황이 될 수도 있다. 진짜 내 모습을 표현하기 위해 시작한 SNS 때문에 결과적으로 진짜 내가 점점 희미해지는 것이다.

급성장이
좋은 것만은 아니다

현실의 나와 동떨어진 성장은 불일치를 초래한다

SNS를 통해 인기를 얻으면 왜 임포스터 증후군에 빠지기 쉬운지 이제는 이해했을 것이다. 어떤 이유에서든 그 근본에는 '진짜 나와 SNS 속의 나 사이에 불일치가 발생하면서 현실의 나를 잃어버린다'는 사실이 자리하고 있다.

사람은 누구나 현재의 나보다 더 근사한 내가 되고 싶어한다. 그런 상승 지향은 사람이 성장하는 데 반드시 필요한 요소이며, 사람이 성장하면서 사회도 발전하는 법이다. 따라서 성장 자체는 필요하지만, 자신이 예상하는 속도를 훨씬 뛰어넘는 속도로 성장한다면 자신의 본모습을 잃고 어딘가 어긋날 수 있다.

자기 나름대로 무언가 열심히 노력해서 긍정적인 결과를 얻는다면 약간의 성장만 느껴져도 뿌듯하다. 그런데 내가 한 게 없는데도 '어느새 두 단계 정도 상승'했다면, 보통은 큰 성장으로 볼 수 있지만 그 크기에 걸맞은 만족감은 의외로 얻기 힘들다.

설령 뜻밖의 행운일지라도 바라던 것을 얻으면 굳이 스스로 버리거나 포기하려 들지 않는다. 모처럼 굴러들어 온 행운을 유지하고 싶은 것이 자연스러운 심리이다. 그러다 보면 원래 소중히 여기던 본질에서 벗어나 다른 것을 더 중시하게 된다. 이를테면 처음에는 '단 한 사람이라도 내 영상을 보고 긍정적으로 평가해 준다면 좋겠어'라고 생각하다가 어느새 '더 재미있는 영상을 올려서 광고 수입을 유지해야지' 하는 생각이 드는 것이다.

그렇게 관점이 달라지면 두 단계 올라간 '특별한 나여야 한다'라고 생각하는 동시에 두 단계 올라간 자신에 대해 '실제 나는 아직 그 수준에 도달하지 못했어'라는 기분이 들면서 '현실의 나'와 '세상에서 보는 나' 사이에 불일치가 발생한다. 말하자면 '아등바등하는 상태'가 계속되면서 마음이 안정을 찾지 못해 피폐해지는 것이다. 그래서 '유지하고 싶은 마음'도 헛되게 더 유지하는 것이 어려워지면서 결국 쉬게 되는 사례도 있다.

이질감이 마음을 피폐하게 만든다

신기하게도 사람은 단계에 따라 만나는 사람이 달라진다. 가령 두 단계 정도 올라갔다면 두 단계 위에 있는 사람들과 만나면서, 그동안 어울리던 사람들과는 다른 타입의 사람도 알게 된다. 그러면서 새로운 관계 속의 나와 지금까지 살아온 현실의 나 사이에 때때로 불일치가 발생한다.

예를 들어 어떤 상황이든 상관없으니 여러분이 살아가면서 경험할 수 있는 '두 단계 정도 올라간 나'를 상상해 보자. 회사에 다니는 젊은 사원이라면 '부장급이 모이는 회의에 참석하게 됐다'라는 것도 좋고, 요리를 잘하는 사람이라면 '초일류 요리사와 함께 요리하게 됐다' 같은 상황도 좋다.

여기서는 '운동을 좋아하는 사람이 프로팀 선수들과 함께 경기하게 됐다'는 가정을 해 보겠다. 프로 뺨치는 실력을 갖춘 아마추어라면 모를까, 도저히 프로 수준에 미치지 못하는 사람이 프로 선수들과 뒤섞여 경기를 뛴다면 어떤 기분이 들까? 나 자신이라고 생각하고 상상해 보자.

주위에는 온통 미디어에서 본 선수들뿐이다. 눈앞에서 보니 그 뛰어난 실력이 한층 더 두드러진다. 그런 분위기 속에서 자신의 부족한 기술을 인식하더라도 기죽지 않고 당당하게 경기에 임할 수 있다면, 그야말로 '강한 정신력'의 소유자라 할 수 있다.

하지만 대다수는 그런 상황이 되면 주눅이 든다. 그리고 주위 선수들처럼 플레이할 수 없는데 그 자리에 있다는 사실 때문에 '어울리지 않는 곳에 있다'라는 생각이 든다.

물론 갑자기 프로 선수들 속에 끼어든다는 건 극단적인 사례지만, 그 정도까지는 아니더라도 갑자기 두 단계 정도 위의 사람들 속에 섞여 있으면 '어울리지 않는 곳에 있다'는 기분이 드는 것이 당연하다. 그 자리에 얼마나 자연스레 섞이느냐는 그 사람의 성격에 달린 측면도 있지만, 의외로 어려운 일이다.

'잠깐만 연기하고 돌아올 거야' 같은 건 불가능하다

'나에게는 어울리지 않는 곳'이라고 생각한 자리에 있으면 대개는 불편하고 피곤해지기 마련이다. 그 자리에 녹아들기는커녕 높은 수준에 주눅이 들어 자신감을 잃기도 한다.

여기서 다시 내 경험담을 이야기해 보겠다.

직업상 기업 경영자를 비롯해 다양한 사람들과 친분을 쌓을 기회가 많다 보니, 그로 인해 새로운 친구나 지인이 생기는 경우가 종종 생기곤 한다. 그래서 코로나바이러스가 맹위를 떨치기 전에는 여기저기서 식사 초대를 많이 받고는 했다. 당시에는 거의 매일 같이 식사 약속이 있었는데, 하루는 한 친구에게서 같이 식사하자는 연락이 왔다. 총명하고 여성스러움이 넘치는 멋진 사람으로, 이야기할 때도 늘 매력적인 친구여서 즐거운 식사 자리가 되리라 기대했다.

그런데 막상 가 보니 전혀 다른 전개가 기다리고 있었다. 그 식사 모임은 젊은 아이돌이 많이 참여하는 자리였다. 사전에 아무런 귀띔도 해 주지 않아 정말 깜짝 놀랐다. 마음의 준비가 안 된 상태에서 평소처럼 문을 열고 들어갔는데, 예상치 못한 세계로 뛰어든 셈이었다. 처음부터 알고 있었다면 '오늘은 연기하는 날'로 생각하고 대비할 수 있었다. 하지만 전혀 의도치 않은 상황이었기에 바로 마음이 전환되지 않았다. TV 방송에서 출연자의 심리를 분석하는 일이 많다 보니 "제 심리도 분석해 주세요!", "뭐가 보이세요?"라며 재미 삼아 질문이 쏟아졌다. 하지만 방금 처음 만난 사람에 대해 아는 게 있을 리 없으니 몹시 곤혹스러웠다.

그래도 친구 얼굴에 먹칠을 할 수는 없어서 즐거운 척하려고 애를 썼지만, 속으로는 믿었던 친구에게 배신당한 기분도 들어 착잡한 심정이었다. 일이 너무 바빠 밤낮으로 정신없던 때였기에 '이렇게 피곤한데 왜 또 이런 피곤한 일을 하고 있을까?'라는 생각이 들었고, 분위기가 흥겨워지면 흥겨워질수록 제대로 녹아들지 못하는 자신에게 자기혐오 같은 감정도 느꼈다.

이와 같은 상황처럼 '왜 내가 이런 자리에 있지?'라는 기분을 경험해 본 사람이 제법 있을 듯싶다. 하지만 그런 '어울리지 않는 곳에 있다'라는 느낌이 두 시간이면 끝나는 파티를 견디는 정도로 일시적이라면 '살다 보니 이런 일도 있네' 하고 넘길 수 있다. 나도 당시에는 기분이 좀 가라앉았지만, 지나고 보니 그 이상의 감정 소모 없이 마음을 다잡을 수 있었다.

한 단계씩 상승하는 것이 이상적이다

그러나 급격한 환경 변화로 막막함을 느끼는 나날이 계속되면 마음의 활력을 잃고 만다. 물론 갑자기 레벨이 올라간 곳에서는 자리를 잡는다고 하더라도 모든 사람이 마음의 활력을 잃는 것은 아니다. 처음부터 잘 적응하는 사람도 있고, 처음에는 고생하다가도 잘 적응해서 얼마 뒤에는 그 자리에 잘 어울리는 사람도 있다.

하지만 잘 적응하지 못하는 사람에게 급격한 단계 상승은 절대 바람직하지 않다. 마음의 안정을 생각한다면, 서서히 단계를 밟아 가는 편이 더 바람직하다.

한발 한발 계단을 오르듯이 환경이 변화한다면 그렇게까지 극단적으로 인간관계가 달라지는 일도 없다. 회사 조직이라 치면, 평범한 대리가 이사회 임원이 되는 일은 거의 없다. 먼저 대리 회의에 참석하고, 과장으로 승진하면 과장 회의, 그다음엔 부장 회의에 참석하는 식으로 실적을 쌓다가 마침내 이사회에 참석한다. 이처럼 차근차근 단계를 밟아서 올라가면 '갑자기 어울리지 않는 곳에 내던져진 기분'을 느낄 일이 거의 없기 때문에, 항상 현실의 나를 자각하며 성장할 수 있다.

물론 뜻밖의 기회가 찾아왔는데 굳이 그 기회를 걷어차고 착실히 성장하는 쪽을 택하기란 쉽지 않다. 급격한 성장의 기회가 왔을 때 그 기회를 받아들이는 것까지는 좋지만, 갑자기 상승한 레벨을 유지하고픈 마음에 여러모로 부족한 상태에서 어울리지 않는 자리에 적응하려고 애쓰다 보면 결국 자신감만 잃고 끝날 수 있다. 그런 위험성을 인식하고, 자아를 잃지 않도록 자신을 객관적으로 보도록 노력하자.

쉽게 얻은 것은
쉽게 사라진다

SNS에서는 인간관계를 쉽게 구축할 수 있다

지금까지 SNS가 임포스터 증후군에 끼치는 영향에 대해 살펴보았다. SNS가 이만큼 우리 삶에 침투한 상황에서 한 가지 더 명심할 점이 있다면, '쉽게 얻은 것은 쉽게 사라진다'는 사실이다.

SNS를 이용해 본 적이 있는 사람이라면 알겠지만, SNS에서는 누구와도 쉽게 연결된다. 그것은 짜릿한 자극일 수도 있지만, 현실 세계에서 맺는 인간관계와 비교하면 관계 자체가 가볍다. 쉽게 연결되는 만큼 끊어지기도 쉽기 때문이다.

쉽게 얻으면 쉽게 버리는 것이 인간의 습성일지도 모른다. 섭식장애를 예로 들면 좀 더 실감할 수 있을 것 같다. 섭식장애는 부모와 자식 관계에서 비롯되는 경우가 많지만, 그 배경은 꽤 다양해서 일반화하기는 어렵다. '먹은 걸 토해낸다'라는 행위에 대해 말하자면 '쉽게 살 수 있고 쉽게 먹을 수 있으면 쉽게 토하는 것도 가능하다'고 할 수 있다.

이를테면 편의점에서 음식을 사 와서 마구 먹어 치운 것은 토하기 쉽지만, 직접 요리한 음식을 자신이 좋아하는 그릇에 담아서 테이블 세팅까지 마치고 느긋하게 먹었다면 쉽게 토하지 못한다. 시간과 정성을 들인 것은 소중하기 때문이다.

취약한 관계임을 잊지 말자

쉽게 얻은 것일수록 버릴 때 느끼는 아쉬움이 크지 않다는 사실쯤은 여러분도 잘 알 것이다. 하지만 무언가에 열중할 때는 그 사실을 잊어버린다. SNS를 하다 보면 특히 그럴 때가 많다.

어쩌다 SNS에서 알게 된 사람이 늘 호의적으로 반응한다고 하자. 그러면 상대에 대해 잘 모르면서도 무의식중에 '좋은 사람'이라고 멋대로 상상할 수 있다. 그렇게 완전히 신뢰하고 지내던 어느 날, 갑자기 상대가 아무 반응을 보이지 않으면 애를 태우기도 한다.

항상 곧바로 '좋아요'를 눌러줬었는데, 어떻게 된 거지?
내가 언짢게 하기라도 했나?
어서 반응 좀 해…

어쩌면 상대는 싫증이 나서 '이제 그만하자'라고 생각하며 갑작스레 관계를 끝내버렸는지도 모른다. 생각만큼 신뢰 관계가 형성되지 못한 것일 수도 있지만, SNS로만 연결된 관계라면 그 진의는 알 수 없다.

애초에 SNS 세계에서는 상대의 실명조차 모르는 경우가 허다하다. 하물며 주소나 전화번호 같은 개인 정보는 대개 모르고 지낸다. 따라서 대수롭지 않게 관계를 끊어버린다 해도 '아무 문제없다'라고 생각하는 것이 일반적이다. 한창 SNS에 빠져 있으면 그처럼 당연한 일을 쉽게 망각한다.

쉽게 얻으면 쉽게 의존한다

호감 가던 사람이 떠나가면 서운한 감정이 든다. 그럴 때는 그 아픔을 받아들이고 적당한 거리를 유지하며 냉정해지면 된다. SNS에서는 한번 연결됐던 사람과 끊어져도 또다른 사람과 쉽게 연결될 수 있어서 서운함도 쉽게 달랠 수 있다. 어쩌면 새로 연결된 사람은 떠나간 사람보다 더 호의적으로 반응해 줄지도 모른다. 그런 새로운 관계 역시 금세 깨질 수 있지만, 설령 그런다 한들 다시 새로운 사람을 찾으면 그만이다.

이처럼 SNS 세계에서는 얻은 것을 잃는다 해도 대체할 만한 새로운 것을 쉽게 얻을 수 있으니 항상 자기 입맛에 맞는 것을 추구할 수 있다. 따라서 의존성이 생기는 경우가 적지 않다. 그러나 이처럼 취약한 관계 속에서 얻은 것은 자기 안에서도 어딘가 가짜라는 느낌이 들기 때문에, 아무리 그런 것에 의존한다 한들 불안감은 가시지 않는다.

쉽게 연결되는 것이 전부 나쁘다고 생각하지는 않는다. 진정한 나를 이해하고 있고, 진정한 나로 되돌아갈 수 있는 의식을 지니고 있다면 그 순간을 즐기는 것도 나쁘지 않다. 하지만 거기에 지나치게 의존하거나 과도하게 빠져 살면 마음의 균형이 무너지기 쉽다.

귀찮은 일은 회피하려는
성향의 문제점

번거로운 현실의 인간관계가 감소하다

마지막으로 이 문제는 SNS의 보급과 직접적인 관련은 없을지 모르지만, 평소에 상담이나 세미나 등을 하면서 요즘 사회 전반에 대해 느끼는 바를 몇 가지 적어 보겠다.

요즘 '거리감을 파악하지 못하는 사람'이 늘고 있는 듯한 기분이 든다. 물론 많은 사람이 인간관계로 고민하고 있고, 그것이 스트레스의 원인이 되기도 한다. 그런데 인간관계의 현실적인 번거로움을 쉽게 회피할 수 있는 사회가 되면서 커뮤니케이션 능력을 연마할 기회가 줄어들어, 타인과의 거리감을 파악하지 못하는 사람이 늘어나고 있다.

　메일이나 카톡 같은 서비스의 편리함은 의심할 여지가 없지만, 문자를 사용하는 소통이 늘어난 만큼 직접 대면 소통할 기회는 예전에 비해 많이 줄어들었다. 같은 사무실에서 책상을 나란히 두고 일하면서도 직접 대화하지 않고 메신저로 소통하는 경우도 허다하다.

싫은 일을 회피하기 쉬워지다

　거리감을 파악하지 못하는 사람이 증가한 것은 물론 싫은 일도 쉽게 회피할 수 있는 세상이 됐다.

　예를 들어 '술자리 회식'은 예전에는 싫어도 참석할 수밖에 없는 분위기였다. 그런데 요즘은 괴롭힘 방지 차원에서라도 권하기 어렵다는 말을 자주 듣는다. 술자리에 가자는 말을 들어도 예전보다는 거절하기 쉬운 분위기가 사회 전체에 퍼져 있는 듯하다.

　물론 마지못해 참석하던 자리를 거절하기 수월해졌다는 점은 바람직하다. 컴플라이언스를 준수하고 사생활을 존중하는 것 역시 바람직한 현상이다. 하지만 그런 일이 쌓이다 보니 요즘은 '그렇게까지 질색할 일인가?' 싶을 정도로 회피하려는 경향이 두드러진다.

평생 싫은 일에 대처할 필요가 없다면 아주 사소한 일조차 '싫은 건 모조리 회피'하는 자세로 살아도 괜찮을지 모른다. 하지만 살다 보면 원하는 일만 하고 살 수는 없다. 언젠가 벽에 부딪힐 것을 안다면 필요 이상으로 싫은 일을 회피하지는 말자. 예컨대 '많은 사람 앞에서 말하는 걸 잘 못해서 프레젠테이션이 하기 싫다'면 일부러라도 도전해서 경험치를 쌓는 것도 나쁘지 않다. 처음에는 서툴러도 젊을 때는 도와주는 선배가 주변에 있을 수 있다. 그러나 어느 정도 나이가 든 뒤에 뒤늦게 벽에 부딪힌다면, 도움의 손길을 내밀어 줄 사람이 없을지도 모른다.

"젊어서 고생은 사서도 한다"라는 말까지 하지는 않겠다. '사람들 앞에서 말하는 건 죽어도 싫다'라면 피해도 괜찮다. 하지만 싫다고 해서 뭐든지 회피하는 것이 과연 나에게 도움이 되는 일인지는 한 번쯤 생각해 보기 바란다. 그리고 '이 정도라면 한번 도전해 볼만 한데?'라는 생각이 든다면 도전해 보는 것도 좋다.

싫은 일은 긴 안목과 큰 관점에서 보자

그렇다 하더라도 싫은 일을 피하고 싶은 건 자연스러운 감정이다. 과감하게 도전하기 위해서는 용기가 필요하다.

상담할 때는 물론 세미나와 강연회 등을 진행하다 보면 이런저런 고민 상담을 받는다. 그럴 때 나는 "싫은 일은 '긴 안목'과 '큰 관점'에서 보라"고 종종 조언한다. 하기 싫거나 어려운 일에 도전해야 할 때는, 그 시간을 '인생'이라는 큰 스케일의 한 장면으로 바라보는 것이다. 긴 인생에서 '단 30분 혹은 한 시간'뿐이라고 생각하며 어떻게든 그 시간을 견디면서, '또 다른 미래가 열린다'라고 생각할 수 있다면 눈 앞의 싫은 일이 조금은 다르게 보일 것이다.

요즘은 '100세 시대'라고들 말한다. 그 긴 인생에서 고작 한 시간이라고 생각하면, 그렇게까지 부담스럽다는 생각은 들지 않을 것이다.

의존 경향이 있는 사람이 증가하다

요즘 사회 전반에 대해 느끼는 또 다른 한 가지는 '의존 경향이 있는 사람이 증가'했다는 점이다.

나는 그동안 정신적 학대나 가정 폭력으로 고통받는 여성들을 적극적으로 지원해 왔다. 정신적 학대나 가정 폭력의 발생 배경은 워낙 다양해서 일반화할 수는 없지만, 그 문제의 뿌리에는 종종 의존이 자리하고 있다.

누구나 성가시고 불쾌한 일이 없으면 그만큼 편안한 공간에서 지낼 수 있다. 그러나 사람들과 접촉하다 보면 어쩔 수 없이 원치 않는 일이 생기기도 한다. 그래서 싫은 일을 피하고 싶을 때는 불필요한 사람들과 만날 일을 최대한 줄이기 위해 작은 공간에 머무르게 된다. 그런 상황에서 자기 영역에 접근한 사람은 어떤 의미에서는 무척 소중한 사람이기에 '절대 잃고 싶지 않다'는 감정이 강해진다. 그런 심리가 연인이나 배우자에 대한 의존으로 이어져, 사람에 따라 정신적 학대나 가정 폭력, 스토킹 피해 같은 문제를 일으킨다.

코로나 사태로 외출을 자제하는 분위기가 이어져 집에서 보내는 시간이 많아지면서 정신적 학대와 가정 폭력도 증가했다고 한다. 정신적 학대와 가정 폭력 문제가 사회적 이슈가 되면서 은밀히 이를 행하는 가해자도 증가하는 추세다. 예전보다 겉으로 드러나기 힘든 상황에서 정신적 학대와 가정 폭력이 증가하고 있다면, 실제로는 드러난 것보다 몇 배는 더 많은 사람이 고통받고 있다는 의미다. 참으로 안타까운 일이지만, 이런 일이 증가한 배경에는 의존 경향이 있는 사람이 늘어난 것과 무관하지 않다고 생각한다.

시대에 휘둘리지 않도록 중심을 단단히 잡자

SNS가 보급되기 전에는, 자기 능력과 상관없이 갑자기 주목받는 위치에 오르는 경우가 '연예인이 소속사의 힘으로 하루아침에 스타가 되는 경우'처럼 제한적이었다. 그런데 지금은 SNS를 잘만 활용하면 누구나 성공할 가능성이 열린 사회가 되었다.

그런 영향 때문인지 요즘에는 대중적으로 특별한 존재가 되는 일을 '성공'이라고 여기는 사람이 많아진 듯하다. 이를 부정할 생각은 없다. 그것이 일상의 동기 부여로 이어진다면 좋겠지만, '나'라는 중심을 제대로 잡지 못한 채 특별한 존재가 되는 일에만 집착하다 보면 보이지 않는 힘에 휘둘리기 쉬울 수 있다. 물론 한발 앞선 존재가 되려면 어쩔 수 없이 대중이 바라는 대로 움직여야 할 때가 있다. 적어도 휘둘리고 있음을 자각하고 '반드시 저곳에 착지하겠어!'라는 확고한 신념이나 도움의 손길을 스스로 뿌리치고 '내 힘으로 착지할 거야!' 하는 강한 의지가 부족하다면, 휘둘릴 대로 휘둘리다가 대중들의 관심이 사라진 순간 버림받고 끝나

버리기도 한다.

　인간관계의 번거로운 부분인 대면 소통을 쉽게 회피할 수 있고, 타인과의 거리감을 파악하기 힘들어져 마음을 터놓을 수 있는 상대에게 의존하는 경향이 증가한 시대일수록 '나'라는 중심을 단단히 잡는 것이 마음의 건강을 지키기 위해 중요하다. 변화의 속도가 빠른 정보화 사회에서는 어떤 환경 변화에도 '나의 정체성을 잃지 않는 것'이 무엇보다 중요하다는 것을 명심하자.

• summary •

지금까지 살펴본 내용을 짧게 정리해 보자

내 힘으로 이뤘다는 느낌 없이 보이지 않는 힘에 이끌리듯 쉽게 주목받으면, 현실의 나와의 불일치가 발생해 임포스터 증후군에 취약해진다. SNS를 이용할 때 특히 그런 일이 자주 발생하기 때문에, 마음의 활력을 잃었다면 자아 상실 상태는 아닌지 냉정하게 되돌아보고 자신을 객관적으로 바라보도록 노력하자.

Chapter 3

임포스터 증후군에
빠지면 어떻게 될까?

임포스터 증후군에 빠지면 자기 긍정감이
약해져 자신을 믿지 못하는 심리 상태에 놓인다.
'자기 긍정감'과 '자신감'은 임포스터 증후군을
이해하고 극복하는 데 있어 핵심 키워드라
할 수 있다. 여기서는 임포스터 증후군에
빠졌을 때의 심리 상태에 대해 자세히 살펴보자.

왠지 자꾸만
못 미더운 나

자기 긍정감이 약해지고 자신감을 잃는다

자기 긍정감이란 글자 그대로 '자신을 긍정하는 감정'을 말한다. 임포스터 증후군에 빠지면 자기 긍정감이 약해지기 때문에 자기 존재에 의미를 느끼거나 자신을 좋아하는 감정이 약해져 만족감이 떨어지고 자신감도 잃는다.

임포스터 증후군에 빠졌을 때의 심리 상태를 설명하기에 앞서 임포스터 증후군이 의심될 때 자주 보이는 특징을 '사고 편'과 '행동 편'으로 나눠 살펴보겠다.

자신이 어느 정도에 해당하는지 한번 체크해 보자.

임포스터 증후군에 빠졌을 때 나타나는 특징

사고 편

☐ 남들이 칭찬해도 순순히 기뻐하지 못한다

☐ 주변의 기대가 커지면 두려움을 느낀다

☐ 지금의 내 위치는 실력보다 운으로 얻은 것이다

☐ 지금의 내 위치가 무너질까 봐 불안하다

☐ 나를 별 볼 일 없는 인간이라고 생각한다

☐ 내 무능함이 들통나면 어쩌나 하는 두려움이 있다

☐ 항상 거짓된 나를 연기하는 것처럼 의식한다

☐ 다른 사람과의 소통이나 내 사고방식에 자신이 없다

☐ 어떤 일을 맡기면 'ㅇㅇ가 더 잘할 텐데'라고 생각한다

☐ 하루하루가 전혀 즐겁지 않다

행동 편

☐ 내 능력이 가짜로 보이기 싫어서 열심히 노력한다

☐ 내 안의 에너지가 떨어져 의욕이 생기지 않는다

☐ 다른 사람이 나에게 의지하는 상황을 피하려 한다

☐ 칭찬받으면 불편해서 부정하는 말을 한다

☐ 사람들과 교류하는 것이 번거롭다

☐ 기대받는 것이 두려워 일부러 능력이나 지성을 감춘다

☐ 많은 사람 앞에서는 말을 잘 못하지만, 1대1 상황에서는 괜찮다

☐ 한계라고 생각하면서도 자신에게 채찍질하며 간신히 대처한다

☐ 좋아하던 일에 의욕이 생기지 않는다

☐ 내 생각보다는 상대가 생각하는 정답을 말하려 한다

해설

임포스터 증후군에 빠졌을 때 나타나는 특징을 사고와 행동으로 나눠 열 개 항목씩 나열해 보았다. 해당하는 항목이 많으면 많을수록 임포스터 증후군일 가능성이 높다.

그러나 해당하는 항목이 많다고 해서 반드시 임포스터 증후군이라고 볼 수는 없다. 자세한 설명은 뒤에서 하겠지만, 임포스터 증후군은 정신질환이 아니며 진단 기준 같은 것도 없다. 그래서 안타깝지만 명확하게 판단할 수 있는 지표는 제시할 수 없다.

여기서는 임포스터 증후군을 좀 더 쉽게 이해할 수 있도록 필자의 심리 상담 경험 등을 바탕으로 '임포스터 증후군을 겪는 것으로 보이는 사람에게서 흔히 나타나는 특징'을 정리해 보았다.

나의 성장을
막는 불안

하루하루 어떻게든 간신히

자기 긍정감이 약해지고 자신감이 사라지는 것은 임포스터 증후군의 대표적인 특징이라 할 수 있다. 아무리 사소해도 하기 싫은 일과 맞닥뜨리면 누구나 '난 못해…'라거나 '자신이 없어…'라며 우울한 기분에 빠질 수 있다. 주변의 기대가 크다고 느끼고 있으면, 그것이 부담으로 작용해 우울해지거나 자신감을 잃는 경우도 흔히 발생한다. 또 새로운 일에 도전해야 할 때 자신감이 떨어지고 불안해지는 일도 많은 사람이 경험한다.

이처럼 자신을 믿지 못하는 상태가 일시적이라면 괜찮지만, 임포스터 증후군에 빠지면 자신감이 떨어지다 못해 급기야 자신감을 회복하지 못하는 상태가 지속된다.

더구나 대부분 이와 같은 자신감 상실이나 괴로운 마음을 주변에 잘 드러내지 않기 때문에 주변에서는 여전히 기대를 걸고, 회사에서도 의미 있고 힘든 일을 맡기기도 한다.

그러면 본인은 '더는 못할 것 같아'라고 괴로워하면서도 스스로 채찍질하면서 어떻게든 해 나간다. 그렇게 열심히 노력하다 보면 성과는 낼 수 있을지 모르지만, 그로 인해 주변에서 좋은 말을 듣더라도 순순히 받아들이지 못한다. 기뻐하기는커녕 비관적으로 받아들이거나 뭔가 꿍꿍이가 있지는 않나 의심하기도 한다.

더 큰 기대를 하면 어쩌지…
이제 한계야. 다음에도 잘할 수 있을까?
그런 수준이 아닌데, 이렇게 인정해 주다니 미안한 감정이 들어.

이를테면 이런 식으로 받아들인다. 이처럼 괴로운 심리 상태임에도 주변의 기대를 느끼면 거기에 부응해야 한다고 생각한다. 또한 '내가 별 볼 일 없는 인간이라는 걸 들키는

게 두려워', '자신감 없다는 걸 알면 실망하겠지?'라는 생각
이 들기 시작하면 실제 마음과 달리 겉으로는 밝게 행동하
고, 본인의 뜻과 상반된 행동을 하면서 주변 사람들에게 들
키지 않으려 애를 쓴다.

그렇게 그때그때 수습하면서 간신히 버텨 낸다 해도 마
음의 피로는 점점 쌓여 간다. 그러다 보면 자기 안의 에너지
가 갈수록 고갈되어 하루하루가 전혀 즐겁지 않다.

자기 긍정감이 약해 자기 능력을 믿지 못한다

이런 심리 상태로 지내는 하루하루는 '항상 불안과 공포
의 덩어리가 짓누르는 상태'가 아닐까 싶다. 상상하기 쉽게
회사에서 일하는 사람을 예로 들어 생각해 보자.

일을 하다 보면 운동선수처럼 개인차가 두드러지지는 않
아도 어쩔 수 없이 능력 차이가 드러나기 마련이다. 대개 이
런 차이는 승진이나 승급 같은 형태로 반영된다. 물론 승진
이나 승급에는 능력 이외의 요소도 관여하고 업무 능력의
차이만으로 결정되는 것은 아니지만, 일반적으로 빨리 출세
하는 사람 중에는 우수한 사람이 많다.

일 처리가 정확하고 주위 평판도 좋은 데다 누가 봐도

유능한 사람이 승진했는데, 그 사람이 임포스터 증후군에 빠져 있다면 본인은 스스로 자신의 승진을 당연하다고 여기지 않는다. 객관적으로 보면 적절한 평가로 승진한 것임에도 다음과 같이 생각한다.

어쩌다 운이 좋았을 뿐이야.
주변 사람들이 열심히 해줬으니까.
나보다 더 적임자가 있는데…

이런 생각을 하면서 일하는 것은 힘들고 고단하다. 관리직이라면 부하나 동료, 외부 직원, 거래처 등 다양한 상황에서 여러 사람에게 판단을 요구받을 때가 있다. 예컨대 부장이라면 '회사 전체의 방향성을 고려할 때 부장으로서 어떻게 해야 할까?' 같은 고도의 판단을 내려야 할 때도 있다. 이에 충분히 대응할 만한 능력을 갖추고 있다 해도 본인은 자기 능력에 확신이 없다.

그래서 주변에서 판단을 구하는 것에 정신적으로 큰 부담을 느낀다. 판단을 요구받아서 부담을 느끼는 것은 어느 정도 위치에 있는 사람이라면 누구나 경험하는 일이다. 하지만 임포스터 증후군에 빠지면 근본적으로 '나에게 그런 능력이 없는데도 해야만 한다'라는 심정 때문에 한층 더 큰 부담으로 작용한다.

책임이 막중한데 어쩌지…
정말 내 판단에 문제가 없을까?
나보다 더 적절한 판단을 해줄 사람이 있는데…
혹시 잘못된 판단을 내리는 건 아닐까?

판단해야 하는 순간마다 이런 식으로 큰 부담을 느낀다
면 여간 괴로운 일이 아닐 수 없다.

리셋하고 싶지만 도망칠 수 없다

이렇게 괴로운 심정을 누가 알아주면 좋으련만, 안타깝
게도 임포스터 증후군에 빠진 사람은 주변 사람들로부터
큰 기대를 받는 경우가 많다. 그래서 주위 사람이 "역시 ○
○ 씨네요"라는 칭찬을 하면 "전혀 그렇지 않아요", "주변의
기대가 커서 솔직히 힘들어요" 같은 속내를 털어놓는 게 어
렵다. "저는 대단한 사람이 아니에요" 같이 부정적으로 대응
해도 주위에서는 "겸손한 사람"이라는 식으로 받아들일 뿐
진지하게 생각하지 않는다.

기대받는 역할을 해내는 것이 부담스러워 '리셋'하고 싶어도 그 굴레와 중압감에서 벗어나지 못한 채 그 역할을 계속 연기하다 보면 '사실은 별 볼 일 없는 사람이라는 걸 언젠가 들키지 않을까?' 하는 불안감에 시달리게 된다.

자신 없는 일을 해야 할 때 불안감을 느낀다

이런 심리 상태를 이해하기 쉽게 한 가지 예를 들어 보겠다.

연설할 때를 상상해 보자. 친구 결혼식이나 회사에서 상을 받을 때 등 어떤 계기로 사람들 앞에서 인사말을 해야 하는 경우가 있다. 그때 '이 정도 사람들 앞에서라면 별문제 없이 연설할 수 있다' 싶은 인원수를 떠올려 보자. 열 명이 한도라는 사람이 있는가 하면 백 명도 괜찮다는 사람이 있다. 그렇다면 당신은 몇 명 정도면 괜찮은가?

인원수를 떠올렸다면 그보다 훨씬 더 많은 사람 앞에서 연설하게 됐을 때를 상상해 보자. 인원수와 상관없이 어디서든 자신 있게 나서는 사람도 있겠지만, 이때까지 경험해 보지 못한 많은 사람의 시선이 집중되는 자리에서 연설하는 모습을 상상해 보는 것이다.

자, 몇 명 정도인가? 여기서는 '열 명 정도면 괜찮다'라고 가정해 보자. 그런데 그런 사람이 '200명이 모인 큰 홀의 단상에 올라가서 연설을 해야 한다'면 어떤 기분이 들까?

제대로 말할 수 있을까?
목소리가 떨리지는 않을까?
큰 실수를 할지도 몰라…
당황해서 말이 안 나오면 어쩌지…

자신이 대처할 수 있다고 생각하는 규모의 스무 배가 넘는 인원수이니 이러한 불안감은 자연스러운 현상이다. 물론 '아무리 많은 사람 앞이라도 괜찮다. 오히려 기대된다'라고 반응하는 사람도 있겠지만, 대개는 규모가 크면 클수록 부담감도 커져 불안감에 짓눌릴 것이다. 사람은 잘할 자신이 없는 일과 마주했을 때 불안감을 느낀다. 연설이 결정된 뒤 연설 당일이 될 때까지 늘 어딘가 불안하고 마음이 편치 않은 것이 당연하다.

하지만 그것이 '어느 하루 단 한 번 많은 사람 앞에서 하는 연설'처럼 일시적인 일이라면, 대부분 심신의 불편을 느끼는 정도까지는 아닐 것이다. 연설이 끝날 때까지 불안이 이어질 수 있지만 끝은 반드시 찾아온다. 어지간한 실수라도 한다면 마음에 상처가 남을 수 있지만, 일단 끝나고 나면 평소처럼 차분한 상태로 돌아갈 수 있다.

그러나 극단적인 예로 '앞으로 10년간 매주 만 명 앞에서 말해야 한다'면 어떨까?

경험이 쌓이면서 언젠가는 익숙해질 수도 있다. 그러나 열 명 앞이라면 그럭저럭 해낼 수 있는 사람이 매주 만 명 앞에서 말해야 한다면 대부분은 당황스러워 할 것이다. 더구나 끝이 안 보이고 도망칠 수도 없다면, 적어도 당분간 불안에 시달리는 나날을 보낼 수밖에 없다. 늘 불안과 공포의 덩어리 같은 것에 짓눌리는 상태가 되는 것이다.

임포스터 증후군에 빠졌을 때의 고통은 이런 느낌을 상상하면 된다. 물론 고통의 정도는 사람마다 다르겠지만, 잘할 수 있을지 확신이 서지 않는 역할을 계속 수행해야 해서, 자기 긍정감을 높은 상태로 유지하기도 힘들고 자신감을 갖기도 어렵다.

성공했다고 여겨져서 더욱 바뀌기 힘들다

임포스터 증후군에 빠지는 가장 큰 요인 가운데 하나가 주변에서 '성공했다'라고 여기는 환경에 놓이는 것이다. 실제로 자신이 놓인 환경을 바꾸는 것은 쉬운 일이 아니다.

이를테면 회사에서 과장으로 승진한 것이 임포스터 증후군에 빠지게 된 원인이라 해도 회사를 그만두거나, 불미스러운 일을 저질러 강등되거나, 중압감을 견디지 못해 휴직을 한다거나 뭔가 큰 계기가 없는 한 과장이라는 직책은 바뀌지 않는다. 일반적으로 지위가 높아질수록 환경을 바꾸기가 쉽지 않은데, 이는 곧 임포스터 증후군의 심리 상태에서 벗어나기 힘들다는 의미다.

이렇게 괴로운 심리 상태가 오래 지속되면 어느 순간 '이제 정말 못 견디겠어…' 하고 숨겨왔던 속내를 털어놓고 끝내거나, 어딘가로 도망치거나, 우울증 같은 마음의 병으로 발전하는 등 어떤 변화가 찾아온다.

개인 차원의 문제라면 "더는 못하겠으니 그만두겠습니다" 하고 본인의 의지만으로 끝낼 수 있겠지만, 가령 수천억 원 규모의 일을 책임지고 있는 최고위직 관리라면 주변에 미치는 영향이 너무 커서 끝내고 싶어도 끝내지 못한다. 레벨이 높아지면 높아질수록 감당해야 할 일이 많아져 도망치기 어려워지는 것이다. 그래서 누가 봐도 화려해 보이는 사람일수록 남들은 알 수 없는 고통을 겪기도 한다.

겸손이라는 이름의
자학

부정적인 말을 하는 배경은 다양하다

임포스터 증후군을 겪는 사람은 자신을 부정적으로 인식하기에, 다른 사람에게 칭찬받으면 "별거 아닙니다" 같은 부정적인 말을 할 때가 있다.

그럴 때 아무것도 모르는 사람에게 '겸손한 사람'이라는 인상을 줄지도 모른다. 그러나 임포스터 증후군에 빠져서 그런 부정적인 말을 하는 것은 겸손함에서 나온 말이 아니라 진심으로 그렇게 생각해서 하는 말이다.

겸손을 미덕으로 여기는 분위기가 있는 탓에 내심 '꽤

괜찮은데?'라고 생각하면서도 겸손함이 작용해 누가 칭찬하면 살짝 부정하는 말로 답하기도 한다. 집단 내에서 눈에 띄면 공격이 거세지지만 겸손하면 풍파를 잘 겪지 않는 법이다. 마음속으로는 기뻐하더라도 처세술로 겸손이 몸에 밴 사람도 많다.

성격상 내성적이라 "저 같은 사람이 무슨…"이라고 할 때도 있을 테고, 야심 많은 사람은 '더 잘할 수 있어' 혹은 '이 정도로 만족해서는 안 돼'라고 생각해 상대방의 칭찬에 "어려운 일도 아닌걸요"라면서 부정하기도 한다.

또한 미리 기대치를 낮춰놓고 목표를 달성하지 못했을 때를 대비해 부정적인 말을 할 때도 있다. 특히 신중한 사람은 자신이 실패해서 상대의 기대를 저버리면 마음이 아프기 때문에 미리 부정적인 말을 하는 경향이 있다.

그 밖에도 '자신이 내뱉는 부정적인 말을 부정하고 격려해 주었으면 하는 마음'에서 일부러 부정적인 말을 하는 사람도 있다. 이를테면 "제가 어떻게 이런 일을…" 하고 말하면서도 속마음은 "무슨 소리야. 자네라면 할 수 있어" 같은 격려의 말을 듣고 싶은 것이다.

겸손이 아닌 진심에서 나오는 말

이처럼 부정적인 말을 내뱉는 배경에는 여러 가지 이유를 생각해 볼 수 있다. 임포스터 증후군에 빠진 사람이 "난 그렇게 대단한 사람이 아니야" 같은 말을 한다면 진심으로 그렇게 생각해서 그런 것이다. 그 점이 방금 예로 든 사례와 다르다. 앞 사례에서는 칭찬이나 좋은 평가를 긍정적으로 받아들이는 마음이 있지만, 임포스터 증후군에 빠진 사람은 칭찬에 대해 기쁜 감정이 전혀 없지는 않더라도 오히려 강한 부담감을 느끼기 때문에 그렇게 말한다.

의욕이 사라졌을 때가
가장 위험하다

임포스터 증후군의 징후

임포스터 증후군은 마음의 병이라고 할 수 있다. 이를테면 '큰 실수를 했다', '상사에게 혼났다', '가족과 다퉜다', '소중한 사람이 떠났다', '실연당했다' 등 마음의 활력이 사라지는 이유는 다양하다. 그런 사건에 어떤 반응을 보이는지는 사람마다 다르고, 그때의 몸 상태도 큰 영향을 미친다. 자신도 모르는 사이에 피로가 누적되어 마음의 활력이 사라진 것을 깨닫지 못하는 경우도 있다. 다음에 소개하는 '임포스터 증후군에 주의해야 할 신호'를 한번 체크해 보자.

주의해야 할 신호

☐ 좋아하는 일에 의욕이 생기지 않는다

☐ 일상적으로 대수롭지 않게 하던 일이 힘들어졌다

☐ 칭찬받는 일이 귀찮아졌다

☐ 사람 만나는 것이 귀찮고, 사람을 믿을 수 없다

☐ 나 자신도 믿을 수 없다

☐ 식욕이 없거나 반대로 과식하는 등 식생활에 변화가 생겼다

☐ 몸에 이상 증상이 나타난다

☐ 잠들기 힘들거나, 악몽을 꾸거나, 불면증에 시달린다

☐ 눈앞의 일에 쫓기는 기분이다

☐ 전부 다 내팽개치고 도망치고 싶지만 그럴 수 없다

해설

앞서 말했듯이, 임포스터 증후군에는 확립된 진단 기준이 없어서 '몇 개 해당하면 요주의!' 같은 명확한 지표를 제시할 수는 없지만, 위에서 열거한 항목 중에 몇 가지 해당하는 것이 있다면 마음에 이상 징후가 나타난 상태라고 보면 된다.

물론 위에 열거한 항목에 해당한다고 해서 반드시 위험하다는 의미는 아니다. 이를테면 '사람 만나는 것이 귀찮다'고 해도 '원래 낯을 가리고 사람 만나는 걸 싫어한다'면 단순히 성격적인 특징일 수도 있다. 그러나 사람 만나는 걸 좋아하던 사람이 '요즘 사람 만나는 게 귀찮다'며 이전과는 다른 변화가 보인다면, 정신적 피로 때문일 가능성이 있다.

좋아하던 일이
버겁게 느껴질 때

기운이 빠지는 느낌이 든다

임포스터 증후군에 빠지면 마음의 활력이 사라져 기운이 빠지는 느낌을 받는다. 그래서 귀찮은 일들이 많아지고, 좋아하는 일에도 의욕이 생기지 않는다.

이를테면 '미용에 관심이 많았는데, 외모나 옷차림에 신경 쓰지 않게 됐다'라는 변화가 나타났을 때 그럴 듯한 이유 없이 좋아하던 일에 의욕이 생기지 않는다면 주의해야 한다. 또 이전에는 누군가에게 칭찬받으면 기뻤는데 이제는 귀찮아지거나 사람 만나는 것이 내키지 않는다면, 혹은 먹는 걸 좋아했는데 맛있게 느껴지지 않아 음식에 관심이 줄거나 무언가를 감추려는 듯 과식을 한다면 주의해야 한다. 그 정도로 큰 변화는 아니라도 일상적으로 하던 일을 못 하게 되거나 힘들게 느낀다면, 마음이 지쳐 있는 신호라고 생각하자.

몸의 약한 부위에 증상이 나타난다

'심신'이라는 말이 있듯이 몸과 마음은 서로 연동되어 있기 때문에, 마음이 우울해지면 몸에도 이상 징후가 자주 나타난다. 특히 수면은 영향받기 쉬워서, 잠들기 힘들다거나 새벽에 깨거나 악몽을 꾸기도 한다. 마음의 병이 몸의 병으로 나타나는 것은 비단 수면뿐만이 아니다. 마음이 약해지면 종종 몸의 약한 부위에도 영향을 미친다.

내 경험을 이야기하자면, 상담소 개업을 하던 무렵 앞으로 어떻게 회사를 꾸려 나가야 할까 고심하는 와중에 하필 TV를 비롯한 각종 매체에서는 주목을 받는 상황이었다. 생활환경이 급변하면서 보이지 않는 힘에 떠밀려 가는 듯한 기분이 들었었는데, 지금 생각해 보니 약간 임포스터 증후군을 앓았던 것 같다. 당시 그 영향이 고스란히 몸에도 나타났다. 내 경우에는 그 증상이 어지럼증과 메스꺼움이었고,

쓰러진 적도 몇 번 있었다. 하지만 정밀검사를 받아도 별다른 이상이 발견되지 않아서, 정신적 이상이 몸에 이상 증상을 일으킨 것이라고만 생각했다.

건강할 때는 컨디션이 다소 안 좋아도 '좀 피곤해서 그런가 보다'라고 생각한다. 하지만 딱히 짚이는 바가 없고, 컨디션이 좋아야 할 때 몸에 이상이 느껴진다면 어떤 이상 징후일 수 있으니, 잠시 쉬거나 적절한 대처를 취하도록 하자.

• Column •

임포스터 증후군은 정신질환이 아니다

정신의학적으로 확립된 것은 없다

앞서 "임포스터 증후군에는 진단 기준이 없다"고 가볍게 언급했는데, 임포스터 증후군에 대해 한 가지 정확하게 이해했으면 하는 것이 있다. 임포스터 증후군은 정신질환이 아니라는 점이다. 임포스터 증후군은 심리적 경향일 뿐 정신의학적으로 질병으로 인식하지는 않는다. 대표적인 정신질환인 '우울증'의 경우, 의사가 우울증 진단을 내리면 약물 치료로 개선을 도모하는 등 이미 정신의학적으로 확립된 치료법이 있다. 그러나 심리적 경향인 임포스터 증후군은 정신의학으로서의 정의는 존재하지 않는다. 그래서 다른 수많은 질병처럼 진단 기준도 없거니와 학술적으로 확립된 극복 방법도 없다. 즉 '임포스터 증후군'이라고 단정할 수 있는 확립된 기준이 없으며, '임포스터 증후군에 빠졌을 때 이렇게 하면 된다'와 같은 표준적인 극복 방법이 있는 것도 아니다.

하지만 임포스터 증후군은 지금까지 수많은 심리학자의 연구 대상이었다. 나 역시 심리 상담가로서 지금까지 수없이 많은 사람을 상담하는 동안, 임포스터 증후군이 의심되는 사람들을 제법 만났다. 이 책에서는 그런 사람들이 마음의 건강을 되찾을 수 있도록 상담했던 개인적인 경험과 지금까지 보고된 다양한 연구 성과 등을 바탕으로 임포스터 증후군에 관해 정리했다.

최근 자주 듣는 HSP도 정신의학적 정의는 없다

'선천적으로 감수성이 높고 무척 예민한 사람'을 의미하는 HSP Highly Sensitive Person라는 말을 들어 본 적이 있는가?

HSP는 미국의 심리학자 일레인 아론Elaine N. Aron 박사가 명명한 심리학 개념으로, 최근 몇 년 사이에 급속도로 널리 알려졌다. 요즘은 '매우 섬세한 사람'으로 표현되며 제법 유명해졌지만, HSP 역시 정신의학적 정의는 없다. 임포스터 증후군과 마찬가지로 진단 기준은 없지만, HSP의 개념이 많이 알려지면서 '나는 HSP'라고 생각하는 사람도 상당히 늘었다. 그리고 HSP가 느끼는 삶의 고단함을 완화하는 팁이나 방법들이 많이 소개되기 시작했다. 임포스터 증후군 역시 HSP처럼 널리 알려져서 이 증후군을 겪는 사람들의 마음이 조금이나마 편해지기를 바란다.

'하루하루 왠지 모르게 불안해…'

'요즘 왠지 자신감이 없어…'

'주위의 기대가 부담스럽고 두려워…'

'별 볼 일 없는 내 본모습을 들키지 않을까 걱정이야…'

이런 심정으로 산다면 하루하루 마음이 편할 리 없다. 이럴 때 그 괴로움의 원인이 '임포스터 증후군일 수도 있다'는 것을 안다면 정체불명이었던 마음속을 이해할 수 있어 조금은 덜 힘들지 않을까 싶다.

또한 가족, 친구, 동료 등 주변 사람들 가운데 '유능한데 이상하게 자신감 없어 보이는' 사람이 있는 경우에도 '저 사람은 왜 저럴까?' 하는 의구심을 가졌을 텐데, '임포스터 증후군일 수도 있다'라고 생각하면 그동안의 말과 행동이 이해되고, 적절한 접근 방식을 이해하는 데도 도움이 되리라 본다.

• summary •

지금까지 살펴본 내용을 짧게 정리해 보자

임포스터 증후군에 빠지면 자기 긍정감이 약해지면서 자신감이 떨어져 불안에 시달리는 나날을 보내게 된다. 해야 할 일은 가까스로 해내지만, 마음은 점점 지치고 몸속에서 에너지가 빠져나가는 느낌이 든다. 자기 내면에서 평소와 다른 변화가 느껴진다면 마음의 이상 징후일 수 있으니 주의하도록 하자.

Chapter 4

왜
임포스터 증후군에
빠질까?

똑같은 상황에서도 임포스터 증후군에 빠지는
사람이 있는가 하면 그렇지 않은 사람도 있다.
이는 성격적인 부분의 영향도 있지만,
심리적 배경이나 사회·문화적 배경 등 여러 요소가
맞물려 있다. 여기에서는 임포스터 증후군에
빠지는 요인에 대해 살펴보자.

임포스터 증후군은
누구나 걸릴 수 있다

비관적인 사람만 걸리지 않는다

지금까지 설명한 내용을 통해 임포스터 증후군에 빠지는 과정을 상당 부분 이해했으리라 본다. 임포스터 증후군을 겪는 사람은 먼저 본인에게 어떤 단계의 상승이 있고, 성공했다고 볼 수 있는 환경에 놓이는 것이 전제다.

그러나 그런 환경에 놓인다고 해서 모든 사람이 임포스터 증후군에 빠지지는 않는다. 본인의 성격이나 심리적 배경, 사회·문화적 배경 같은 요소들이 얽혀서 일어나기 때문이다.

먼저 성격적인 측면에서 보자면, 임포스터 증후군은 자신을 부정적으로 보는 심리 상태이므로, 매사 낙관적이고 긍정적인 사람보다는 비관적인 사람이 더 취약하다. 유형별로 살펴보면 '성실한 사람', '눈치 빠른 사람', '자기주장을 잘 못하는 사람', '갈등을 싫어하는 사람', '완벽주의자'가 비교적 취약한 편이다.

그러나 임포스터 증후군은 본인의 성격과 상관없이 누구나 빠질 수 있다. 낙관적이라고 해서 임포스터 증후군에 빠지지 않는 것은 아니다. 아무리 낙관적인 사람이라도 본인에게 너무 버거운 포지션에 놓이면 '괜찮을까…'라는 기분이 들 수 있다.

애초에 낙관적으로 보이는 사람도 속마음은 알 수 없는 법이다. 상담하다 보면 특히 그런 생각이 들 때가 있다. 더구나 임포스터 증후군에 빠진 사람은 '자신감 없는 속내를 들키기 싫어서' 안 그런 척 연기하며 감추기도 한다. 타인에게 보이는 겉모습에서는 자신감 넘치는 척하지만, 속으로는 섬세한 감정을 숨기고 있는 사람도 있다.

다양한 배경이 얽혀 있다

성격적인 것 외에 '심리적 배경'과 '사회·문화적 배경'도 관련이 있다. 어떤 일이든 받아들이는 방식은 사람마다 다르기 마련인데, 임포스터 증후군에 빠지는지 여부는 이 '심리적 배경'과 '사회·문화적 배경' 역시 크게 얽혀 있다.

이를테면 성격상 원래 튀는 걸 좋아하지 않는 사람이 우연히 대중의 주목을 받아 미디어에 소개되었다고 하자. 대중에게 인정받는 존재로 사는 것이 익숙지 않은 상황에서 사귄 지 얼마 안 된 파트너로부터 심한 정신적 학대를 받는다면, 그로 인해 자신감을 잃고 대중의 주목을 받는 것에 두려움을 느끼게 될 수 있다.

이러한 '심리적 배경'과 '사회·문화적 배경'에는 다음에 열거한 다양한 원인이 존재한다. 이제부터 하나하나 살펴보도록 하자.

- **심리적 배경**
  - 성장, 향상에 대한 거부반응
  - 주변의 시기, 질투, 괴롭힘에 대한 두려움
  - 외로움에 대한 두려움
  - 실패하는 것, 실패했다는 낙인에 대한 두려움

- 업무량 증가나 능력 향상에 대한 불안, 고도화된 업무에 대한 거부반응
- 일과 삶의 불균형이나 롤 모델의 부재에서 오는 거부반응

- **사회·문화적 배경**
  - 주변과 비교하거나 주변과 똑같이 행동하라고 요구하는 교육
  - 나의 성공보다 타인이나 팀, 조직을 중시하는 자기희생적 정신
  - 겸손과 진중함을 미덕으로 여기는 도덕관
  - 사회적 젠더관의 영향
  - 차별 철폐 조치와 같은 사회적 조치

임포스터 증후군에
취약한 심리적 배경

성장과 진화에 대한 두려움

• 페이스를 무너뜨리는 성장이나 향상에 거부감을 느낀다

여러분은 '성장'이나 '향상'에 대해 어떤 이미지를 가지고 있는가? 성장이나 향상을 긍정적이고 바람직한 것으로 인식하는 사람이 많은 것이 사실이다. 물론 그 이미지처럼 성장이나 향상에는 긍정적인 면이 많지만, 앞서 "실제 자신과 동떨어진 성장은 불일치를 초래한다"라고 했듯이, 자신이 감당하기 힘든 성장이나 향상에 대해서도 긍정적으로 생각할수 있느냐 하면 의외로 그렇지 않다.

이를테면 누군가에게 "이렇게 해야 한다"라거나 "이렇게 하는 것이 분명 너에게 좋다"라는 말을 들었을 때를 떠올려 보자. 설령 그것이 자신의 성장이나 향상으로 이어진다 해도 '내가 알아서 할 테니까, 나 좀 내버려 둬!'라는 생각이 드는 경우도 있다.

이처럼 외부에서 압력을 가해 성장을 재촉하거나 강요한다면, 그것이 자신을 격려하거나 감사해야 하는 일이더라도 자기 마음을 보호하는 방어기제가 작동할 수 있다. 성장하는 일 자체에는 거부감이 없어도 자기 페이스를 무너뜨리는 것에 거부감을 느끼는 것이다.

- **급격한 변화는 감정적으로 받아들이기 어렵다**

또한 인간은 본능적으로 안정을 추구하려는 성향이 있는데, 성장이나 향상은 '변화'를 의미하기도 한다. 그 변화가 자신이 원하는 페이스보다 급격히 일어난다면 감정이 따라가지 못할 수 있다.

물론 원래 낙관적인 성격이라면, 갑자기 주목받더라도 그런 자신을 웃으며 받아들일 수 있을지 모른다. 이처럼 변화를 받아들이는 성향은 그 사람의 성격과도 관련이 있다. 그렇다 하더라도 너무 급격한 변화에는 두려움 같은 감정을 느끼는 사람이 더 많다.

• 원치 않는 성장으로 임포스터 증후군에 빠질 수 있다

이처럼 주체적으로 자기 페이스를 지키며 일어나는 성장이나 향상은 누구나 원하는 것이지만, 자기 페이스를 흐트러뜨리는 경우라면 마냥 긍정적으로 받아들일 수만은 없다.

어떤 사람이 승진했을 때, 주위에서 보기에 그 자리가 그 사람에게 어울린다 해도 본인이 어떻게 생각하는지는 알 수 없다. '그냥 예전이 더 좋았는데…'라며 거부감을 느끼는 예도 있다. 아무리 제삼자가 보기에 근사하다 해도 본인이 원치 않는 포지션을 맡았다고 느낀다면 '솔직히 이런 일은 하고 싶지 않은데…'라는 생각에 임포스터 증후군을 겪을 수 있다.

남의 시선에 대한 두려움

• 지위가 올라가면 시기와 질투를 받는다

지위가 올라가면 시기와 질투를 받기도 하는데, 이 또한 임포스터 증후군에 빠지는 원인이 될 수 있다.

이를테면 내가 꿈꾸는 포지션에 있는 어떤 사람이 있고, 자신도 그렇게 되고 싶다고 생각했다 치자. 그런데 내가 동경하는 그 사람이 본인에 대한 험담이나 근거 없는 소문을 듣는다면 어떤 생각이 들까?

요즘은 SNS 등을 통해 쉽게 비방이나 악의적인 소문에 시달릴 수 있는 시대다. 심한 욕설이라도 보게 되면 '나라면 저런 악성 댓글은 못 견딜 거야'라는 생각이 절로 든다.

이처럼 시기와 질투가 소용돌이치더라도 신경 쓰지 않고 돌진할 수 있을지, 후퇴할지는 사람에 따라 다르겠지만, 돌진한다 해도 시기와 질투 같은 부정적인 감정에 계속 시달려야 한다면 정신적 부담이 될 수밖에 없다.

그래서 막상 꿈꾸던 포지션에 설 수 있게 됐을 때, 시기와 질투에 대한 두려움 때문에 '난 별 볼 일 없는 사람인데…'라는 생각이 들 수 있다. 또한 실제로 시기와 질투를 받으면 '이럴 바에야 차라리 눈에 띄지 않던 때가 편했어'라는 기분이 들기도 한다.

• 직장 내 갑질로 자신감을 잃는다

방금 설명한 시기나 질투와 유사한 사례일 수 있는데, 성장하거나 지위가 올라가면 직장 내 갑질을 당하기도 한다. 이 또한 임포스터 증후군에 빠지는 원인이 될 수 있다.

이를테면 상사에게 있어서 부하의 성장은 자신의 평가가 올라가는 일이기도 하지만, 상사에게 자신감이 부족하면 '나보다 더 성장하는 건 원치 않는다'라는 생각에 부하의 발목을 잡거나 지위를 이용해 억압하기도 한다.

그럴 때 공식적으로 문제를 제기해 상사의 잘못을 고발하며 단호하게 대응하는 사람도 있지만, 사실 싸움도 용기가 필요한 일이라서 상사의 부당한 권력에 좌절하는 사람도 적지 않다. 그렇게 계속 상사의 괴롭힘에 시달리다가 유능했던 사람이 자신감을 완전히 상실한 예도 드물지 않다.

또한 직장 내 갑질 외에도 괴롭힘에는 여러 종류가 있다. 이를테면 정신적 학대는 인격을 부정하는 말과 행동에 시달리는 것이기 때문에, 그 상황에서 벗어나지 못하면 정신적으로 극심한 고통에 빠진다. 그래서 업무적으로 유능하고 리더로서 활약할 만한 사람도 사적으로 만난 파트너에게 정신적 학대를 받으면 자신감을 잃을 수 있다.

• 어느 정도의 지위에 오르기까지가 힘들다

이런 시기와 질투, 상사의 괴롭힘 등을 보면 '중간 지위'라고 할 수 있는 상태에 있을 때가 가장 힘든 시기가 아닐까 싶다. 누구나 인정할 수밖에 없는 존재로 자리 잡으면, 그 지위를 유지하기는 쉽지 않아도 직접적으로 괴롭힘을 당할 가능성은 적다. 또한 스스로 성취감과 만족감을 느낄 수 있다면 '뭐라 하든 상관없다'는 심리 상태가 되기도 한다.

하지만 그 지점까지 도달하지 못한 상태라면 정면으로

역풍을 맞기 십상이고, '자신에게 우호적인 사람이 있는가 하면 견제하거나 적대적인 사람도 있는 상태'에 놓이기 쉽다. 고민을 털어놓고 싶어도 신뢰할 수 있는 사람이 주위에 없을 때도 있고, 힘들다고 말하고 싶어도 '약한 소리 했다가 어떤 평가를 받을지…' 하는 두려움에 이전에는 가볍게 하던 말을 더는 못하게 될 때도 있다.

어느 정도의 지위에 도달할 때까지는 이런 일이 반복되는데, 그러는 동안 '앞으로 어떻게 될까?' 하는 불안감이 여러 번 찾아온다. 그리고 그 불안감이 커지면 커질수록 임포스터 증후군에 빠질 가능성도 커진다.

외로움에 대한 두려움

• 단계가 상승하면 주변 사람들과 멀어질 수 있다

성장이나 향상이 반드시 긍정적으로만 작용하지는 않는다. 성장이나 향상으로 단계가 올라가면 주변 사람과 거리가 생기는 경우도 있다. 특히 갑자기 지위가 상승하거나 유명인이 됐을 때 그런 거리가 생기기 쉬운데, 이처럼 큰 변화가 아니더라도 주변 사람과 멀어지는 경우가 있다.

이를테면 수십 명의 동기들과 함께 입사한 직원 중에 혼자만 유독 빨리 승진한 직원이 있다면, 그 승진을 계기로 동기들과의 관계에 미묘한 거리감이 생길 수 있다. 다른 동기들 입장에서는 각자 느끼는 바가 다르겠지만 부러움, 질투, 불만, 주눅, 거리감 등 다양한 감정이 뒤섞여 있을 터이다. 한편 혼자만 승진한 사람 입장에서는 우쭐대다가는 갈등이 생길 테고, 반대로 우월감에 젖지 않는 겸손한 타입이라면 자기 혼자 앞서간 것에 불편한 감정을 느낄 수 있다. 물론 성취감과 만족감 같은 긍정적 감정도 있겠지만, 가령 동기 모임이 있을 때 혼자 겉도는 느낌이 든다면 나쁜 짓을 한 것도 아닌데 죄책감 같은 감정이 생길 수 있다.

• 경계심 때문에 외로워진다

또한 단계가 올라 그 자리를 '유지해야 한다'라는 생각이 들면 스스로 이상한 갑옷을 두르고 사람들을 멀리하기도 한다.

이를테면 '새로운 단계를 유지하려면 이전 단계에 있는 사람의 영향을 받아선 안 된다'는 생각에 사람들을 멀리하거나, 새로운 단계에 도달한 자신을 특별한 존재로 여겨 주변 사람들보다 자신이 옳다고 믿으며 그들의 목소리에 귀 기울이지 않는 것이다.

이외에도 '이런 모습을 보고 뭐라고 하면 어쩌지?' 하면서 이전에는 아무 문제없던 일을 걱정하며 사람들을 멀리하기도 하고, 단계가 올라가면 악의를 숨기고 다가오는 사람이 많아진다는 이유로 경계심이 강해져 사람을 가까이하지 못하기도 한다.

그렇게 되면 점점 자기 껍데기 안에 갇혀 표면적인 모습만 드러내다가, 결국 친한 사람에게조차 어디까지 자신을 드러내야 하는지 혼란스러워하게 된다.

자신감이 있다면 그런 상황도 잘 헤쳐 나갈 수 있겠지만, 새로운 단계에 올라서면 처음 직면하는 어려운 문제도 발생하는 법이다. 이런 문제에 제대로 대처하지 못하는 일도 잦아진다. 믿을만한 사람도 없는 외로운 상태에서 이런 일이 계속되면 서서히 자신감을 잃다가 임포스터 증후군에 빠지기도 한다.

실패에 대한 두려움

• **실패를 두려워하는 것은 당연하다**

실패를 통해 배울 수 있는 것은 많다. '실패는 성공의 어머니'라는 말도 있지만, 그렇다고 해서 적극적으로 실패하고 싶어 하는 사람은 없다. 어떤 일이든 '실패하고 싶지 않다'고 생각하는 것이 일반적이며, '저 사람은 실패한 사람'이라는 낙인이 찍히는 것에도 거부감을 느끼는 법이다.

물론 개중에는 실패를 그리 두려워하지 않는 사람도 있다. 어느 정도 위치에 올라서 신망이 두터워졌다면 조금 실패하더라도 '저 사람이니까 괜찮다'며 주위에서 관대한 시선으로 보기 때문에 실패를 크게 두려워하지 않을 수 있다. 그러나 곧 그런 존재가 될 사람이라 하더라도 아직 그런 경지에 도달하기 전이라면 '저 사람도 잘하다가 결국 실패했구나'라는 냉혹한 시선을 받게 된다. 그래서 '실패하면 뭐라고들 할까…', '실패하고 싶지 않아!'라는 생각이 드는 건 당연하다. 특히 요즘은 작은 실수에도 과도한 비난이 쏟아지는 경향이 있는 탓에 실패를 두려워하는 감정이 커질 수밖에 없다.

• **수동적인 사람이라면 더욱 주의**

이처럼 실패를 두려워하는 것은 자연스러운 일이지만, 책임감 있는 위치에 있거나 남보다 한발 앞서가는 존재가 되면 그만큼 실패할 수 있는 상황에 더 자주 직면하게 된다. 또 실패하면 그만큼 더 눈에 띈다. 그래서 해낼 자신이 없으면 중책을 맡는 일은 피하는 것이 좋지만 '되도록 피하고 싶은' 심정임에도 중압감을 느끼는 자리에 계속 있어야 한다면 '솔직히 이런 자리는 감당이 안 되는데…'라는 생각에 임포스터 증후군에 빠질 수 있다. 특히 수동적인 사람이나 안정을 추구하는 사람은 이런 식으로 생각하기 쉽다.

• 낙오자로 보이기 싫다

같은 지위를 유지하기란 어려운 일이다. 별다른 실수를 하지 않더라도 유지할 수 없을 때도 있다. 그럴 때 일단 올라간 지위에서 '떨어지기 싫은 것'은 자연스러운 감정이다. 이는 '무너진 모습을 보여 주고 싶지 않다', '낙오자로 보이기 싫다'는 감정이기도 한데, '실패한 사람으로 보이고 싶지 않다'는 감정과 공통점이 있다.

이를테면 한때 한 시대를 풍미한 유명인일지라도 세월이 흐르면 일거리가 떨어지기도 한다. 그러면 금전적인 여유도 줄어들지만, 인기 절정이던 시절에 비해 몰락한 사람처럼 보이고 싶지 않아 무리해서 화려한 생활을 하는 사람도 있다.

한 번쯤 이름을 알린 존재라면 거리에서 알아보고 말을 건네는 사람이 있기 마련이다. 그럴 때 초라한 차림으로 있을 수는 없다고 생각하는 것이다. 또 단골 명품 매장에 가면 그에 상응하는 대우를 받기 때문에 무리해서 고가의 물건을 사들이기도 한다. 실제로 내 지인 중에는 잘나가던 시절의 씀씀이를 버리지 못해 화려한 생활을 고집하다가 결국 빚더미에 올라 우울증에 걸린 사람도 있다.

• 집착을 버릴 수 있느냐에 달렸다

이처럼 자신이 쌓아 온 지위를 유지하고픈 마음에 아등
바등하는 사람이 요즘 많아진 듯하다. 이는 겉치레를 중시
하기 때문인데, 같은 상황에 처하더라도 신경 쓰지 않고 한
물간 자신을 받아들이는 사람도 있다.

이는 내 안의 집착을 버릴 수 있느냐 없느냐의 차이다.
집착이라고 하면 부정적으로 인식하기도 하지만, 집착이 전
부 나쁜 것은 아니며 무언가를 이루기 위해 중요할 때도 있
다. 성공은 쉽게 쟁취할 수 없기에 집착이 없으면 동기 부여
를 유지하기 힘들다. 또한 갑자기 인기를 끈 경우, 그 인기가
진짜로 자리 잡으려면 오랜 시간이 필요하기에 집착이 원동
력이 되기도 한다.

그러나 당장 필요 없는 집착을 가진 사람들이 많다. 이를
테면 자기 행복을 생각하면서 '평범한 생활이라도 내 소중
한 사람들이 웃으며 건강하게 지낸다면 충분하다'고 깨닫는
다면 집착에 사로잡히지 않을 수 있다. 하지만 한번 스포트
라이트를 받으면 '주목받고 싶다', '특별한 존재이고 싶다'라
는 생각에 사로잡혀 빠져나오지 못할 때가 있다. 스스로도
'과거의 나에게 집착하는 건 불행한 일'이라는 걸 알아도 현

실을 받아들이지 못해 과거의 영광에 연연하는 것이다.

냉정한 상태일 때 자기 내면의 집착을 들여다보고, 그 집착이 정말 필요한 것인지 정리할 수 있어야 한다. 불필요한 집착을 버리지 못하면 주변에서 듣기 좋은 말은 해줄지 몰라도, 그럴 때마다 '지금은 난 과거의 나와는 전혀 다른데…'라는 자괴감에 빠질 수 있다.

업무량 증가와 능력 향상에 대한 불안, 고도화된 업무에 대한 거부반응

• 바뀐 업무에 제대로 대처할 수 없을 때가 있다

지위가 올라가면서 부담감과 중압감이 커지는 것에 거부반응이 오는 현상 또한 임포스터 증후군에 빠지는 요인 가운데 하나다.

예컨대 직장에 다니는 사람이 승진하면 주변에서 기대가 커지는 것이 느껴진다. 처우가 개선되는 부분도 있으니 그 순간만큼은 기쁘다. 그러나 일반적으로 지위가 올라가면 더 큰 성과를 요구받는다. 그런 상황에 잘 대처할 수 있으리란 보장은 없다. 단순히 업무량이 늘 수도 있고, 경험해 보지 못한 상황에 직면하면 어떻게 대처해야 할지 몰라 당황하기도 한다.

기업에서 상담을 하다 보면 '무에서 유를 창조하는 것이 힘들어 고전'하는 사례를 자주 본다. '1'을 '2, 3, 4…'로 쌓아 올리는 건 잘하지만 '0'을 '1'로 만드는 건 힘들어하는 사람이 의외로 많았다.

이를테면 선배들이 구축한 비즈니스 모델에 올라타 그레일 위에서 벗어나지 않는 한도 내에서는 능력을 충분히 발휘하지만, 아무것도 없는 상태에서 완전히 새로운 신규 프로젝트를 시작해 궤도에 올리는 일을 맡을 때는 힘을 발휘하지 못해 고민하는 사람을 종종 본다. 주위의 기대가 크고 실력을 인정하기에 맡기는 일일 텐데, 본인은 궤도가 없는 곳을 어떻게 개척해 나가야 할지 모르는 것이다. 그러다 보니 일이 잘 풀리지 않는 과정에서 자신감을 잃기도 한다.

특히 지금은 정보의 변화 속도가 빨라서 트렌드를 포착하기 힘든 시대다. 지위가 올라가면 커버해야 하는 범위도 넓어지는데, 계속 새로운 정보가 쏟아지는 상황이라면 모든 일에 일일이 대응하는 게 쉬운 일이 아니다. 그로 인해 불안을 느끼고 힘들어하다가 자신감을 잃는 사례도 드물지 않다.

일과 삶의 불균형이나
롤 모델의 부재에서 오는 거부반응

• 롤 모델이 없으면 비전을 그리기 힘들다

한때는 개인의 사생활을 희생해서라도 억척같이 일하는 것을 미덕으로 여기던 시절이 있었다. 지금은 워라밸Work & Life Balance를 중시하면서 일과 삶의 균형을 맞추는 것에 가치를 두게 됐다. 이전보다 여성의 사회 진출도 활발해지고, 요즘은 '출산하면 회사를 그만두는 게 당연'한 분위기의 회사도 줄었다. 육아휴직이나 단축근무 제도 등을 활용하면 아이를 키우며 일하는 것이 그리 어렵지 않은 시대가 되었다.

다만, 그런 변화가 시작된 지 얼마 되지 않은 탓에 아직은 미흡한 점이 있는 것 또한 사실이다. 회사에 소속돼 계속 근무하는 것은 어렵지 않은 시대지만, 그 이상의 경력을 쌓고자 할 때 어려움을 겪는 사람은 여전히 많다.

이를테면 누구나 인정하는 우수한 직원이 업무적으로는 '임원이 되고 싶다'는 꿈을 꾸고 개인적으로는 '결혼해서 아이를 낳고 싶다'는 꿈을 꾼다고 하자. 물론 임원이 될 역량이 있는지는 본인에게 달려 있으니 원한다고 될 수 있는 건 아니지만, 그 이전에 '아이를 키우며 임원이 된' 롤 모델이 없으면 어떻게 그것이 가능한지 비전을 그릴 수 없다는 문제가 있다.

세상을 둘러보면 여성이 임원이 된 사례는 많다. 그러나 아무리 사회 전체의 분위기가 바뀌고 있다고 해도, 자신이 그 문제에 직면한 당사자가 됐을 때 어떻게 느끼는지는 별개의 문제다. 아무리 제도가 잘 갖춰져 있고 출산 휴가나 육아휴직을 쓰는 데 문제가 없다 해도, 실제로 휴직 후 복귀한 선배가 시간 분배에 어려움을 겪고, 우수했던 선배가 일선에서 물러나는 사례를 본다면 '일과 육아를 잘 병행할 수 있을까?', '돌아왔을 때 내 자리가 없어지면 어쩌지…'라는 생각이 들 수밖에 없다. 자신이 처한 환경에서 가까운 성공 사례가 없다면 한 걸음 내디딜 용기를 내기란 여간 어려운 일이 아니다.

• 반쪽짜리라는 생각에 자신감을 잃어 간다

임신 중에는 컨디션이 좋지 않거나 검진을 받아야 할 때가 있다. 그러다 보면 일을 쉬어야 하는 날도 있다. 아이가 태어나면 가뜩이나 육아에 시간을 빼앗겨 바쁘다. 그 와중에 아이가 갑자기 열이라도 나면 업무에 지장을 줄 수 있다. 그런 상황에서 어떻게 경력을 쌓아 갈 것인지는 정말 중요한 문제다. 업무 내용이나 가족 상황, 주변의 이해 등 여러 요소가 얽히겠지만, 롤 모델이 없고 모든 것을 스스로 개척해 나가야 한다면 상당히 큰 노력이 필요하다.

　복직 후에 원하는 자리로 돌아간다 해도 모든 문제가 해결되는 것은 아니다. 동료에게 부담을 주며 일한다면 미안한 마음이 들기도 하고, 나만 쉬어도 되는 건가 싶은 생각이 들 수도 있다. '제대로 직무를 수행하고 있는 걸까?' 하는 의문이 생기거나 '육아도 일도 반쪽짜리가 된 건 아닐까?'라는 생각이 드는 순간도 있다. 그로 인해 자신감을 잃고 임포스터 증후군에 빠질 수 있다.

　스스로 '육아를 우선하겠다'라는 명확한 의사가 있어서 선택한 사람은 괜찮다. 그러나 '열심히 일하면서 더 발전하고, 예쁜 아이를 낳아 행복한 가정도 꾸리고 싶다'는 꿈이 있는데, 어느 한쪽을 선택해야만 한다면 혼란스럽다. 꿈을 선택하는 데 있어 고민은 따르기 마련이지만, 그 개운치 않은 감정 그대로 무언가를 포기하거나 결정하지 못한 채 시간이 흐른다면, 자신에게 확신이 서지 않아 자신감을 잃을 수 있다.

　이런 사례는 비단 육아뿐 아니라 간병에도 해당하며, 원격 근무, 부업 등 기존의 가치관에 얽매이지 않는 다양한 근무 형태가 확산하는 가운데 많은 사람이 실감하는 문제다.

임포스터 증후군에 취약한
사회·문화적 배경

주변과의 비교나 주변과
똑같이 행동하라고 요구하는 교육

• **내가 틀렸을지도 모른다는 생각에 자신감이 사라진다**

우리 주변에는 유년기부터 옆 사람과 비교당하며 교육받
거나, 다수와 똑같이 행동하라고 교육받은 사람이 많다.

부모나 교사 중에는 '이래야 한다'는 가치관이 있어서, 거
기서 벗어나면 "○○는 잘하는데, 넌 왜 못하니?"라고 비교
하며 그 가치관 속으로 밀어 넣으려 하고, 그 가치관에서 벗
어나려고 하면 "다들 그렇게 하니까 너도 지켜야 해"라는

식으로 훈계하며 주변과 똑같이 행동하기를 요구하는 것이다.

이런 교육을 받고 자라면 스스로 선택하는 힘을 기르기 어렵다. 진정한 의미의 정답을 모른 채 주변 어른들이 주입한 '올바름'을 바탕으로 성장하지만, 어느 정도 나이가 들면 그것이 '틀린 걸 수도 있다'라고 생각하는 순간이 찾아온다. 그러면 자신을 의심하며, 스스로를 인정할 수 없게 된다.

• 화합을 깨뜨릴 수 있다는 생각이 부담으로 작용한다

또한 남들과 똑같이 행동하기를 권장하는 분위기에서 자라면 화합을 깨뜨리는 것을 두려워한다. 그래서 자기 지위가 주위 사람보다 높아졌을 때 '괜찮을까…' 하는 불안감을 느끼게 된다. 그런 심리적 부담감 속에서 일하다가 판단 착오라도 일으키면 '난 고작 이런 사람인데…'라는 생각이 드는 것이다.

이때, 별 문제 없이 일이 해결되더라도 '운이 좋아서 살았다…'라는 생각에 사로잡혀 악순환에 빠지게 된다. 이후 선택을 내릴 때마다 두려움이 앞서 더욱 소극적으로 변한다.

나의 성공보다 타인이나 팀, 조직을 존중하는 자기희생적 정신

• 타인의 입장만 고려하다 자기 긍정감이 약해진다

자신보다 타인이나 팀, 조직을 존중하는 '자기희생적 정신'이 뿌리 깊이 박혀 있으면 팀이나 조직의 성공을 우선하기 때문에 자신의 '개성'을 내세우기 힘들어진다.

물론 나보다 타인을 중시한다고 해서 반드시 자기 긍정감이 약해지는 건 아니지만, 타인의 의견을 존중하기 위해 자기 의사에 반하는 일도 수용하다 보면 자기 긍정감이 약해질 수밖에 없다.

또한 자기희생적 정신이 강한 사람이 혼자만 지위가 올라가면, 나쁜 일을 한 것도 아닌데 어딘가 불편한 감정을 느낄 수 있다. 주위 사람들에 대해 말과 행동을 절제하려는 감정이 강해지면서 자기 긍정감이 약해지기도 한다.

• 주변 반응에 따라 자기희생적인 정신이 들기도 한다

이런 일은 자기희생적 정신이 그리 강하지 않아도 주변 반응에 따라 유발될 수 있다. 예를 들어, 미디어에 얼굴이 알려졌으면 하는 마음에 동료들과 함께 노력하다가 혼자만 먼저 알려졌는데, 주변 동료들이 "어떻게 된 거야?", "무슨 방법을 쓴 거야?", "어떻게 유명해졌어?"라며 꼬치꼬치 캐묻듯이 질문을 던진다고 하자. 그러면 그 사람의 성격에 따라 다르겠지만, 왠지 나쁜 짓이라도 저지른 듯한 기분에 '다 같이 노력했는데, 나 혼자만 먼저 유명해져도 되는 걸까…'라는 자기희생적인 정신이 들 수 있다.

질문을 던진 사람은 나쁜 의도 없이 그저 궁금해서였을 수 있지만, 질문을 받은 사람은 너무 많은 사람에게 질문이 쏟아져서 '혼자만 행복한 상황'이라고 비난받는 것 같아 몰래 반칙이라도 한 기분이 드는 것이다.

겸손과 진중함을 미덕으로 여기는 도덕관

• 겸손과 비하는 다르다

겸손과 진중함을 미덕으로 여기는 일 또한 자주 보이는 현상인데, 특히 분위기 파악을 잘하고 눈치가 빠른 사람은 자신을 낮추지 않으면 건방지거나 거만하게 보일까 두려워하기도 한다.

물론 겸손한 태도가 좋다는 인식이 몸에 밴 사람은 자연스레 겸손하게 행동할 테고, 딱히 나쁠 것은 없다. 하지만 바람직한 겸손은 잘난 체하지 않으면서 기꺼이 남에게 배우려는 마음이 있는 것이다. 자신을 깎아내리는 행동은 '비하'이 며 '겸손'과는 다르다. 자신을 낮추면 갈등도 잘 일어나지 않 으니 무의식중에 비하하는 습관이 몸에 밴 사람도 있다. 그 러나 지나친 비하는 자기 긍정감을 높은 상태로 유지하기 어렵게 만든다.

사회적 젠더관의 영향

• 낡은 성역할에 얽매인다

앞에서 여러 번 언급했듯이, '남녀평등'의 개념이 사회에 널리 퍼져 여성의 사회 진출도 이전보다 많이 진전됐다. 하 지만 '여성은 가정을 지키는 존재'라는 낡은 가치관에 얽매 인 사람이 여전히 많다.

이런 젠더관이 남아 있다면, 예컨대 실적을 올려 관리직 에 오른 여성이 주변 사람들에게 안 좋은 말을 들었을 때 자신감을 잃기도 하며, 연상의 남자 부하에게 강하게 말하 지 못해 '상사로서 이래도 되는 걸까…'라는 생각이 들 수도 있다.

또 여성이 자기 상사가 되는 것을 받아들이지 못하는 남 성도 있는데, 그 또한 머릿속에 각인된 낡은 젠더관의 영향이 크다. 이런 경우, 노골적인 괴롭힘을 당한 여성 상사가 자신감을 잃는 사례도 있다.

차별 철폐 조치와 같은 사회적 조치

• **형식적인 여성 우대가 실력을 왜곡시킨다**

방금 이야기한 '사회적 젠더관'과도 관련 있는 내용인데, 약자의 위치에 있는 여성을 돕기 위해 여성을 우대하려는 노력이 오히려 임포스터 증후군에 빠지는 상황을 초래할 수도 있다.

성별이나 인종 같은 특정 요소로 인해 사회적으로 차별받는 사람들의 지위를 향상하고자 학교 입학 기준이나 기업의 채용 활동 등에서 소수자들을 적극 우대하고 격차를 해소하려는 노력을 '차별 철폐 조치Affirmative Action'라고 한다. 일본에서는 '긍정적 조치Positive Action'라고도 하며, 양성평등 사회 실현을 위해 지도적 위치에 있는 여성을 늘리기 위한 구체적인 목표치를 제시하는 등 정부에서 이를 추진하기도 한다.

이처럼 약자의 지위가 향상되는 것은 바람직한 현상이지만, 그로 인해 실력이 있음에도 '사회적 추세에 따라 지위가 올라간 것뿐'이라고 느끼는 사람도 나오기 마련이다. 이를테면 뛰어난 성과를 내던 여성이 창업 이래 처음 여성 임원으로 승진했을 때, 그것이 실력 면에서도 문제가 없고 주변에서도 인정하는 적절한 인사라 해도, 본인은 '내가 여자라서 사회적 시선을 의식한 회사가 임원으로 승진시킨 것일 뿐, 진짜 내 힘으로 얻은 자리가 아니다'라고 받아들일 수 있다.

성과 면에서 여성이 우대받는 일도 있고, 제도적인 머릿수 채우기로 실력 이상의 자리에 오르는 사례도 있다. 하지만 그런 것과 전혀 상관이 없음에도 우대 정책이 있다는 이유로 자기 가치를 왜곡해서 인식하는 경우가 있다.

이는 비단 여성뿐 아니라 장애가 있는 사람에게도 해당하며, 여성이 주축이 돼 활약하는 회사에서 소수인 남성이 우대받는 경우에도 마찬가지다.

마음의 여유는
몸의 여유에서 나온다

몸의 부담과 마음의 부담은 연동된다

지금까지 임포스터 증후군에 취약한 다양한 배경에 대해 살펴보았다. 이 외에도 '몸의 건강 상태'도 큰 영향을 미칠 수 있다.

몸의 부담과 마음의 부담은 연동된다. 이를테면, 해야 할 일을 열심히 한 끝에 성과를 내고 좋은 평가를 받으면 기분이 좋다. 그러나 경험상 그렇게 한숨 돌렸다고 생각한 순간 연이어 어려운 일을 맡으면, 체력이나 기력이 충분할 때는 긍정적으로 임하지만 몸이 고단할 때는 '제대로 해낼지 모르겠어', '나 좀 살려줘!' 같은 부정적인 기분이 먼저 든다.

나는 상담사라는 직업의 영향 때문인지 다른 사람보다는 수용력이 크다고 생각한다. 또 부정적인 일이 닥쳐도 그것을 쌓아두지 않기 위해 항상 정화하려고 노력한다. 나를 되돌아보고, 나를 마주하고, 부정적인 것을 정화해 나가는 일은 잘하는 편이지만, 너무 많은 일이 한꺼번에 닥치면 수용력을 초과해 정화가 따라가지 못할 때도 있다.

그러면 사람들을 만나는 게 귀찮고, 외출이 귀찮고, 음식이 맛이 없고, 컨디션이 나빠진다. 바쁜 일상에 쫓기다 보면 쉬지도 못하고 아등바등할 때가 있는데, 이런 일이 반복되면 몸속에 '부정적인 무언가'가 점점 쌓여 에너지가 부족하다고 느끼게 된다. 그렇게 몸이 지치면 마음에도 영향을 미쳐 자기 긍정감이 떨어질 수 있다.

몸 안의 여유가 부족하면 마음도 침울해진다

여유가 있으면 누가 불쾌하게 굴어도 '이런 사람도 있구나' 하고 넘어가거나 되받아칠 수 있다. 하지만 여유가 없으면 '또 시작이구나…' 하면서 정면으로 부딪히거나 아예 받아들이지 못하기도 한다.

그러면 사람을 믿지 못하게 되면서, 나 같은 경우 '이제 사적으로 누굴 만날 시간은 없어. 업무와 관련된 사람들만 만나겠어'라며 혼자 멋대로 규칙을 만들어버리는 경우도 생긴다.

이처럼 감정이 부정적일 때는 무의식중에 '저 사람 탓이야', '이런 골치 아픈 일 때문이야'라며 '외부'로 의식이 쏠리기 쉬운데, 그런 외벌적外罰的 감정은 결국 자신을 믿지 못하고, 믿을 용기도 없을 때 생긴다. 그렇게 자기 껍데기 안에 갇히는 이유는 몸에 기운이 없고, 몸속 에너지가 부족한 탓일 때가 많다.

• Column •

자신감 부족은 성격의 영향일 수도 있다

단순히 내성적인 성격이라 자신감이 없는 경우도 있다

자신감이 없는 사람은 의외로 많다. 세미나 같은 곳에서 임포스터 증후군에 관해 이야기하면 "저도 임포스터 증후군일지 몰라요"라고 말하는 사람이 많다. 당연한 말이지만, 자신감이 부족한 이유가 꼭 임포스터 증후군 때문만은 아니다. '내성적이라 사람들 앞에 나서기 싫어하는', 성격상 자신감이 부족한 사람도 있다.

앞서 설명한, 임포스터 증후군에 취약한 심리적 배경과 사회·문화적 배경으로 인해 내성적으로 변하는 사람도 있을 수 있지만, 단순히 내성적인 성격이라 자신감이 없다면 임포스터 증후군과는 별개의 문제다.

칭찬받으면 거북한 것이 꼭 임포스터 증후군 때문만은 아니다

칭찬을 들었을 때 "별거 아니에요"라며 바로 부정적인 대답을 하는 사람이 있다. 이런 행동 또한 임포스터 증후군에 빠지면 흔히 나타나지만, 그저 칭찬받는 게 어색해서 부정적인 말을 하는 사람도 있다. 이를테면 늘 겸손해야 한다고 생각하는 사람은 칭찬받는 것 자체는 싫지 않지만 그런 부정적인 말을 하는 경향이 있다. 이 또한 임포스터 증후군과는 별개의 문제다.

하지만 그런 내성적인 사람이나 칭찬받는 게 어색한 사람도 어떤 계기로 주목받는 존재가 되면 얼마든지 임포스터 증후군에 빠질 수 있다. 안 그래도 임포스터 증후군에 취약한 성향인데 취약한 환경에 노출되는 바람에, 자신을 더욱 강하게 부정적으로 인식하면서 자신감을 잃는 것이다.

• summary •

지금까지 살펴본 내용을 짧게 정리해 보자

임포스터 증후군에 빠지는 것은 뭔가를 성취했다는 전제 위에 본인의 성격이나 심리적 배경, 사회·문화적 배경 같은 다양한 요소가 얽혀 있다. 또한 몸과 마음이 연동되어 있기에, 몸의 건강도 큰 영향을 미친다. 몸속 에너지가 부족해지면 부정적 감정을 이겨 낼 힘이 생기지 않아 마음도 기력을 잃기 때문이다.

PART 2

임포스터 증후군
이겨 내기

Chapter 1

나에게도 남에게도
감정적으로
굴지 않는 법

임포스터 증후군에 빠지면
본연의 나로 있을 수 있는 시간이 줄어들어 중심을
잃게 된다. 그러면 하루하루 상당히 힘든 나날을
보내게 된다. 진정한 나를 되찾는 것이야말로
임포스터 증후군을 이겨 내는 길이다. 따라서
먼저 '나'라는 존재를 이해하는 것이 중요하다.

마음을 구조화하면
삶이 편해진다

진정한 나로 있을 수 있는 순간을 가져라

자신에게 어울리지 않는다고 생각하는 지위나 역할을 계속하는 것은 정신적으로 큰 부담을 주기에 임포스터 증후군을 유발할 수 있다. 가령 '회사에서는 가면 쓴 나를 연기하더라도 퇴근 후에는 본연의 나로 돌아갈 수 있다'면, 회사에서는 피곤해도 집에서 휴식을 취할 수 있으니 마음의 병까지 얻을 가능성은 크지 않다.

그러나 '가정불화 때문에 집에 가도 쉬지 못하거나', '일에만 몰두하다 보니 집에서는 잠만 잔다'거나, '프리랜서로 일하기 때문에 업무와 개인 시간의 구분이 안 된다'면 기분 전환을 할 시간이나 공간이 전혀 없다. 그러면 항상 '가면 쓴 나'를 연기하면서 지내야 하기 때문에 마음이 편해질 날이 부족해서 점점 지쳐 간다. 이때 자신이 무리하고 있음을 깨닫고 쉴 수 있다면 괜찮은데, 눈앞의 일을 처리하느라 정신이 팔려 가면 쓴 자신을 당연시하면서 계속 그대로 살아가게 된다. 그러다가 '정말로 뭘 하고 싶은 걸까?', '어떤 사람이 되고 싶은 걸까?'라는 생각이 의식에서 사라지면서 어느새 나를 잃어버린다.

자신의 마음 상태는 잘 모를 때가 많다

임포스터 증후군을 이겨 내려면 그렇게 잃어버린 '진짜 나'를 되찾아야 한다. 그러기 위해서는 '나'라는 존재를 이해해야 한다.

그러나 나를 이해하기란 의외로 어려운 일이다. 이를테면 기분이 개운치 않고 왠지 찝찝할 때가 있다. 그럴 때 여러분은 어디까지 자신의 마음과 마주하고 이해하려고 노력하는가?

뭔가 개운치 않더라도 크게 신경 쓰지 않고 지나치는 사람도 많다. 또한 신경을 쓰기는 해도 '뭔가 마음에 걸리는데…' 정도에서 그칠 뿐 깊이 생각하지 않는 사람도 많다. 물론 개중에는 '파트너와 싸워서 찝찝한 거겠지…'라며 나름 원인을 찾기도 한다. 설령 그렇게 생각하며 파트너와 화해해도 개운치 않은 감정이 반드시 사라지는 것은 아니다. 그것만으로는 충분치 않을 때도 있다. 화해했는데도 갑갑한 상태가 지속되면 원인이 무엇인지도 모른 채 계속 기분이 개운치 않다. 그럴 때 그 원인을 더 깊이 파고들려는 사람은 그리 많지 않다.

이처럼 '원인은 잘 모르겠지만 기분이 개운치 않은' 상태를 경험해 본 사람이 적지 않을 것이다. 딱히 떠오르는 이유가 없어도 개운치 않은 감정이 드는 것에는 그럴 만한 이유가 있는 법이다. 그 원인을 잘 모르는 이유는 마음속 깊은 곳에 원인이 있어서 거기까지 의식이 닿지 않기 때문이다.

사람의 마음을 언어화·시각화해서 이해한다

나는 상담이나 세미나에서 "마음을 구조화하면 삶이 편해진다"라는 이야기를 자주 한다. '마음을 구조화'한다니 무슨 소리인가 싶은 사람도 있을 것이다. 쉽게 말하자면, '마음의 상태를 언어화·시각화한다'는 의미다.

마음은 그 형태가 눈에 보이지 않아서 이해하기 어렵다. 하지만 마음 상태를 체계적으로 생각할 수 있다면 다양한 깨달음을 얻을 수 있다.

예를 들어, 마음을 구조화하면 시각적으로 파악할 수 있기 때문에 막연하게 이해하던 마음 상태를 쉽게 상상할 수 있다. 그러면 자기 마음을 좀 더 객관적으로 바라볼 수 있어서, 의도치 않은 일이 발생했을 때도 필요 이상 감정적으로 반응하지 않고 차분하게 대처할 수 있다. 또한 자신의 마음뿐 아니라 타인의 마음도 쉽게 상상할 수 있어서 '저 사람은 이런 타입'이라는 식으로 막연하게 생각하던 것을 좀 더 명확히 이해할 수 있다.

다만, 마음을 구조화하려면 머리를 써야 하기 때문에 늘 의식하다 보면 금방 피곤해진다. 그러니 때로는 논리적으로 생각하지 않고 감정적인 상태로 지내도 괜찮다. 마음을 구조화하는 의식을 어딘가에 품고 있으면, 뭔가 불만스러운 일이 있어도 '인간의 마음은 이런 구조니까 어쩔 수 없어'라고 받아들이게 되고 '상대도 사람이니 이해하자'라고 생각하게 된다. 그러면 인간관계가 조금은 편안해진다.

이제 마음을 구조화하는 방법에 대해 알아보도록 하자.

나를 더 잘 이해하기 위한
3가지 이론

사람의 마음을 언어화 · 시각화하는 방법

심리학처럼 사람의 마음을 이해하기 위해 확립된 이론을 공부하면 마음을 구조화하는 데 도움을 얻을 수 있다. 오랜 연구를 통해 구축된 이론에는 실생활에 유용한 것들이 많고, 학문적 근거에 기반한 이론을 공부하다 보면 '제대로 이해하고 있다'라는 안도감도 얻는다.

다만, 이런 이론에는 다양한 것들이 존재한다. 역사도 오래되었고 범위도 넓어 처음부터 배우기는 어렵기에, 이 책에서는 여러분이 쉽게 받아들이고 이해할 수 있으며 내가 자주 다루는 '매슬로의 욕구 5단계 이론', '인간 성격의 4중 구조', '체벽론體癖論'이라는 3가지 이론을 소개하고자 한다.

매슬로의 욕구 5단계 이론

• **인간의 욕구에는 다섯 단계가 있다**

매슬로의 욕구 5단계 이론은 미국의 심리학자 에이브러햄 매슬로Abraham Maslow 박사가 인간의 욕구를 이론화한 것으로, '자아실현 이론'이라고도 한다. 매슬로 박사는 인간을 '자아실현을 향해 성장하는 존재'로 보고, 인간의 욕구를 5단계로 나눠 하위 욕구가 충족되면 상위 욕구가 강해진다고 생각했다.

다섯 가지 욕구는 아래부터 순서대로 다음과 같으며, 흔히 피라미드 구조로 표현한다.

1. 생리적 욕구

2. 안전 욕구

3. 소속과 애정 욕구

4. 인정 욕구

5. 자아실현 욕구

• 매슬로의 욕구 5단계 이론

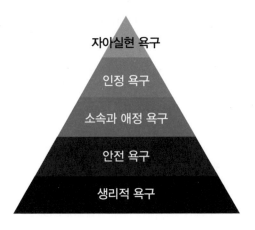

자아실현 욕구

인정 욕구

소속과 애정 욕구

안전 욕구

생리적 욕구

하위 욕구가 어느 정도 충족되면 다음 욕구가 나타나는 것으로 보인다.

1. 생리적 욕구

먹고 싶다, 자고 싶다 등 인간이 살아가는 데 필요한 본능적 욕구다.
아무리 해야 할 일이 많아도 며칠씩 안 먹고 밤새우며 일하는 것은
불가능하며, 아무리 좋아하는 일이라도 화장실을 참으면서 즐길 수도
없고, 집중도 안 된다.

2. 안전 욕구

안전하게 살고 싶고, 건강하게 살고 싶은 욕구다. 생리적 욕구가 충족
되면 신체의 안전과 건강, 경제적 안정, 사고 예방 등을 추구한다. 언
제 위험이 닥칠지 모르는 상황에서 살아가기란 힘들며, 건강이나 돈
걱정도 하고 싶지 않은 법이다.

3. 소속과 애정 욕구

가족이나 친구, 집단에 소속되어 사랑받고 싶은 욕구다. 건강하고 안전하게 살더라도 자신을 수용해 주고 신뢰할 만한 인간관계가 구축돼 있지 않으면, 소속감을 얻지 못해 마음이 충족되지 않는다. 안식처의 존재는 그만큼 중요하다.

4. 인정 욕구

인정받고 싶고, 존경받고 싶은 욕구다. 소속과 애정 욕구가 충족되면 소속감뿐 아니라 그 안에서 평가받고 싶어진다. 따라서 능력을 인정받고 싶다는 욕구가 생긴다. 여기에는 타인에게 인정받는 것뿐 아니라 스스로 자신을 인정하는 것도 포함된다.

5. 자아실현 욕구

이상적인 내가 되고 싶은 욕구로, 성장 욕구라고도 한다. 인정 욕구가 충족되면 나답게 살고 싶다, 나만이 할 수 있는 일을 이루고 싶다는 욕구가 생긴다.

• **자신의 욕구가 어느 단계에 있는지 쉽게 파악할 수 있다**

매슬로의 욕구 5단계 이론의 다섯 단계를 이해하면 자신의 욕구가 어느 단계에 있는지 쉽게 파악할 수 있다.

이를테면 '먹고 싶다'는 욕구를 예로 들어 생각해 보자. 배가 고프면 당연히 뭔가 먹고 싶은데, '먹고 싶다'라고 생각하는 이유가 꼭 배고픔 때문만은 아니다. 다음에서 보듯이, 같은 '먹고 싶다'라는 욕구라도 그 기저에 있는 것을 들여다보면 그 욕구가 어느 단계에 있는 것인지 알 수 있다.

조난에 휘말려 며칠 동안 아무것도 먹지 못했다.
뭐라도 좋으니 일단 먹고 싶다.
→ 생리적 욕구

회사가 파산한 이후 제대로 먹지 못했다.
일자리를 얻어 생활도 안정됐으니, 앞으로는 세끼 제대로 먹고 싶다.
→ 안전 욕구

새 학기가 시작돼 반이 바뀌면서 반 친구들도 새로워졌다.
새 친구들과 함께 즐겁게 웃으며 먹고 싶다.
→ 소속과 애정 욕구

친구가 알찬 일상을 SNS에 올리고 있다.
나도 자랑하는 사진을 올리기 위해 인기 카페의 디저트를 먹고 싶다.
→ 인정 욕구

미식가로서 명성을 얻었다.
앞으로는 나만의 새로운 음식 개념을 알리기 위해 먹고 싶다.
→ 자아실현 욕구

- **매슬로의 욕구 5단계 이론으로 마음 상태를 상상한다**

매슬로의 욕구 5단계 이론을 알면 마음의 상태도 쉽게 상상할 수 있다.

이를테면 앞서 "파트너와 싸웠을 때, 화해해도 찜찜함이 남아 있을 수 있다"라고 했는데, 파트너와 싸웠을 때의 상황을 매슬로의 욕구 5단계 이론을 적용해 파악해 보면, 마음속 응어리의 원인이 명확해져 마음이 편해지기도 한다.

몇 가지 사례를 통해 생각해 보자.

- **【사례 1】크게 다퉈 집에 있기 불편해졌다면…**

파트너와 크게 다퉈서 집에 갈 수 없다거나 집에 있기 불편해졌다고 치자.

이런 경우는 '내 안식처가 사라진 것'으로 소속과 애정 욕구가 위협받는 상황이다. '직장에서 인정받고 싶다'는 마음에 열심히 일하다가 편히 쉴 수 있는 가정을 잃었다면, '인정 욕구'를 충족시키려다가 한 단계 아래인 '소속과 애정 욕구'가 충족되지 않은 상태로 되돌아간 것이다. 따라서 마음이 무거워져 일에 집중하지 못하는 것은 당연하다.

- **【사례 2】수면 부족이라면…**

다퉜을 때를 돌이켜보니 '줄곧 바빠서 잠을 푹 못 자는 바람에 신경이 곤두서 있었다'는 것을 깨달았다고 하자.

그렇다면 '생리적 욕구'가 충족되지 않은 상태였음을 알 수 있다. 다툼의 계기가 무엇이든 '가장 먼저 충족돼야 할 욕구를 충족시키지 못했으니 싸움이 나는 것도 당연해'라는 생각이 든다. 그래서 '조금 쉬거나 푹 자는 게 좋겠어'라고 깨달을 수도 있다. 충분히 자고 난 다음 몸이 개운해지고 생리적 욕구가 충족되면, 파트너에 대한 애정도 자연스레 돌아올 수 있다.

- **【사례 3】 이사 문제로 갈등을 겪었다면…**

다툼의 원인이 '이사 문제로 갈등을 겪었다'라고 하자.

예컨대 파트너가 아무리 원해도 '그 동네는 치안이 걱정돼서 살고 싶지 않다'라고 생각한다면 '안전 욕구'가 위협받는다고 느낀 것이다. 그러면 다툼에 이른 언행보다 '안전 욕구가 충족되지 않아 불안해서 말이 지나쳤나…' 하며 더 깊은 원인을 깨달을 수 있다.

아니면 반대로 파트너가 이사를 꺼렸고, 그 이유가 치안 걱정 때문이었다면 '안전 욕구가 위협받을까 봐 불안해서 그런 말을 한 건가…'라고 생각할 수 있고, 친숙한 동네를 떠나기 싫어했다면 '소속과 애정 욕구에 불안을 느낀 건가… 소속감은 중요하니 어쩔 수 없지'라며 차분하게 이해할 수 있다.

이는 한 가지 예시일 뿐이지만, 매슬로의 욕구 5단계 이론을 통해 마음의 상태를 객관적으로 파악하다 보면 더 많은 부분이 이해된다. 그러니 꼭 한번 시도해 보자.

인간 성격의 4중 구조

• **인간의 성격은 네 개의 층으로 이루어져 있다**

성격론에는 다양한 이론이 있는데, 심리학자 미야기 오토야宮城音弥 박사는 인간의 성격은 네 개 층으로 구성돼 있으며, 동심원 구조를 이루고 있다고 주장했다. 이 '인간 성격의 4중 구조'를 상상할 수 있다면 '성격은 제어할 수 있는가?'에 대한 구상을 쉽게 할 수 있다.

네 개 층은 안쪽부터 순서대로 다음과 같으며, 안쪽에서 바깥쪽으로 갈수록 후천적으로 형성된 성격이다.

• 기질
• 좁은 의미의 성격(인격)
• 습관적 성격
• 역할 성격

• 인간 성격의 4중 구조

역할 성격

습관적 성격

좁은 의미의 성격
(인격)

기질

바깥쪽으로 갈수록 후천적으로 형성된 부분이며, 제어하기 수월하다.

• 성격은 제어하기 쉬운 부분과 어려운 부분이 있다

성격을 이처럼 4중 구조로 파악하면, 성격에는 '타고난 부분'과 '환경에 의해 형성되는 부분'이 있음을 알 수 있다. 요컨대 '기질'은 변하지 않으며 '좁은 의미의 성격(인격)'도 제어하기 힘든 반면 '습관적 성격'과 '역할 성격'은 스스로 제어할 수 있음을 알 수 있다.

물론 성격을 제어하기란 쉽지 않다. 하지만 '어차피 난 이런 성격이라 바꿀 수 없어'라고 생각하는 사람은 자신이

- **기질**

타고난 성격이 '기질'이다. 성격의 핵심이며, 유전으로 결정되는 부분이 크다. 환경이나 경험의 영향을 받지 않으며, 절대 바꿀 수 없다.

- **좁은 의미의 성격(인격)**

다음으로 기질을 둘러싸고 있는 것이 '좁은 의미의 성격(인격)'이다. 초등학생 정도까지의 어린 시절에 각인되는 것으로, 부모 등 양육자나 자라 온 환경의 영향을 받아 형성되는 성격이다. 철이 들기 전에 무의식적으로 몸에 배는 성격으로, 성인이 된 뒤에는 거의 변하지 않는다.

- **습관적 성격**

좁은 의미의 성격을 둘러싸고 있는 것이 '습관적 성격'이다. 학교생활과 사회생활을 하는 동안 많은 사람과 교류하고 다양한 경험을 쌓으면서 점차 형성되는 성격이다. 습관적 성격은 변하기도 하며, 자기 의지로 제어할 수도 있다.

- **역할 성격**

습관적 성격의 바깥쪽, 4층에 자리한 성격이 '역할 성격'이다. 사회생활을 하다 보면 다양한 상황에 직면하는데, 그런 다양한 상황에 적응하기 위해 형성되는 성격이다. 이를테면 '가정에서는 자상한 엄마지만, 일할 때는 엄격한 관리자' 같은 식으로 자신이 놓인 처지나 상황에 따라 순식간에 바뀔 수 있는 성격이다.

생각하는 성격이 네 개 층 가운데 어느 부분에 해당하는지 머릿속에 그려 보자. 한 가지 예를 들어 생각해 보자. 툭하면 매사를 비관적으로 보고 '난 어두운 성격이구나…'라고 생각한다면, 어린 시절부터 비관적으로 생각하는 경향이 강했는지 떠올려 보는 것이다.

어릴 때부터 낙관적으로 생각하지 말라고 배워서 비관적이었다.
→ 근본은 바뀌지 않을지 몰라도 '습관적 성격'이나 '역할 성격'으로 낙관적 자세를 배울 수는 있다.

중학교 때까지는 낙관적이었는데, 고등학교 때 큰 좌절을 겪은 뒤 어느새 비관적으로 생각하게 되었다.
→ 선천적으로 비관적인 것이 아니라 습관적 성격이 비관적일 수 있다. 그럴 때는 사고방식을 바꾸면 예전의 낙관적 성격을 되찾을 수 있다.

성격은 그 사람의 개성이기도 하기에 억지로 바꿀 필요는 없지만, 바꾸고 싶은 부분이 있다면 타고난 기질이나 좁은 의미의 성격(인격)을 살리면서 '습관적 성격'이나 '역할 성격' 부분은 제어할 수 있다는 것을 떠올리며 도전해 보자.

체벽론

• 신체 습관으로 감수성 경향을 알 수 있다

체벽론體癖論은 골격을 교정하거나 신체 각 부위의 균형을 바로잡아 본래 상태로 되돌리는 치료법인 정체整體를 근간으로 한다. 거기에 노구치 정체의 창시자인 노구치 하루치카野口晴哉가 무게중심의 쏠림이나 요추의 틀어짐 같은 인간의 신체 구조와 심리적 감수성의 방향이 관련 있음을 발견하고, 열두 종류로 분류해 체계화한 개념이다.

이를 바탕으로 나의 스승이기도 한 정신과 의사 나코시 야스후미名越康文 교수가 자신의 임상 경험을 더해 열 가지 성격 분류를 만들었다. 나는 상담을 비롯한 다양한 상황에서 마음을 해석하는 방법의 하나로 이 '나코시 체벽론'을 활용하고 있다.

체벽론을 통해 성격을 분류하면 자기 내면에 혼재된 성격 경향을 알 수 있다. 이를 통해 자신에 대해 더 깊이 이해할 수 있고, 자신과 마주하는 계기가 될 수도 있다. 또한 타인에 대해서도 다른 관점에서 바라보고 더 깊이 이해할 수 있다.

• 체벽을 체크해 보자

열 가지 체벽은 다음 표와 같이 '특징적인 내장 및 기관'

과 '신체 습관 및 운동 특성'을 통해 다섯 가지로 나뉘며, 각각 표리 관계를 이루는 짝수종과 홀수종이 있다.

특징적인 내장 및 기관		두뇌	소화기	호흡기	비뇨기	생식기
신체 습관 및 운동 특성		상하	좌우	전후	뒤틀림	개폐
종種	홀수	1	3	5	7	9
	짝수	2	4	6	8	10

지금부터 각 문항을 꼼꼼히 읽고 자신과 일치하는 문항에 체크해 보자. 너무 깊게 고민하면 실제 자신의 모습이 아닌 바라는 자신의 모습으로 대답할 수 있으니 부담은 내려놓고 솔직하게 체크해 보자.

1종 체크
☐ 감정적이지 않다
☐ 모험을 별로 하지 않는다
☐ 여행은 계획을 세우는 단계가 가장 즐겁다
☐ 술자리에 참석해도 반드시 막차 시간 안에 귀가한다
☐ 집중력이 있고, 매사를 논리적으로 생각한다
☐ 자기 논리만 내세운다는 소리를 듣는다
☐ 활자가 있으면 집중해서 읽는다
☐ 감정에 따라 행동하기보다는 머리로 생각해 행동할 때가 많다
☐ 목이 굵고 길며, 뚱뚱하지 않지만 체격이 커 보인다
☐ 얼핏 다가가기 힘든 인상이다

　　1종에서 체크한 수 … _____개

2종 체크

- ☐ 집안일이 힘들지 않다
- ☐ 사용 설명서는 반드시 읽는다
- ☐ 쇼핑 전에 필요한 것을 메모해 둔다
- ☐ 걱정이 많아 한 번 고민하기 시작하면 머릿속에서 계속 생각이 맴돈다
- ☐ 많은 사람 앞에서 칭찬받거나 주목받는 것이 싫다
- ☐ 매뉴얼대로 진행하거나 정해진 틀 안에서 일을 처리하는 것에 안도감을 느낀다
- ☐ 남의 이야기를 정확하게 알아듣고, 정확하게 실행하는 것에 의미를 둔다
- ☐ '기대하고 있다', '너만 믿는다'라는 말에 거부감이 든다
- ☐ 얼굴과 목이 가늘고 길다
- ☐ 선잠을 자면 고개를 젖힌 채 입을 벌리고 잘 때가 많다

  2종에서 체크한 수 … _____ 개

3종 체크

- ☐ 내 감정에 솔직한 편이다
- ☐ 고민거리가 있어도 끙끙대지 않으며, 보통 하룻밤 자고 나면 잊어버린다
- ☐ 사람들이 친근하게 느낀다
- ☐ 쇼핑하러 가면 가게 점원과 이야기를 나눈다. 또는 점원이 말을 잘 건넨다
- ☐ 외출할 때는 제대로 차려입지만, 집에서는 편안한 차림이 좋다
- ☐ 동안이라 실제 나이보다 어리게 본다
- ☐ 식사할 때는 다양한 음식을 조금씩 먹고 싶어 한다
- ☐ 스스로는 의식 못 하지만 백치미가 있다는 소리를 듣는다
- ☐ 새로운 디저트에 관심이 많다
- ☐ 기본적으로 먹는 걸 좋아한다. 스트레스도 먹는 것으로 푼다

  3종에서 체크한 수 … _____ 개

4종 체크

☐ 다른 사람의 부정적 감정에 잘 휩쓸린다

☐ 평소에는 감정을 잘 드러내지 않지만, 억눌렸던 감정이 때때로 터져 나올 때가 있다

☐ 즐거워하고 웃고 있는데도 외로워 보인다

☐ 매사를 부정적으로 보는 경향이 있다

☐ 자신의 목표나 목적은 잘 모르지만 '하기 싫은 일'은 분명하다

☐ 큰소리를 지르거나 마음껏 웃는 일이 거의 없다

☐ 많은 사람이 모여 떠들썩하게 노는 것보다 조촐한 소규모 술자리가 좋다

☐ 여행 같은 걸 가면 다른 사람이 목적지를 정할 때가 많다

☐ 신경질적이지는 않지만, 더러운 것에 혐오감이 강하다

☐ 감정이 고조되거나 스트레스가 쌓이면 식욕이 없거나 배탈이 잘 난다

4종에서 체크한 수 ⋯ _____ 개

5종 체크

☐ 좋아하는 일을 할 때는 바로 움직인다. 속도감을 중시한다

☐ 집착이 적고 매사를 합리적으로 판단하는 편이다

☐ 휴일에도 약속을 잡아 외출하고 싶다

☐ 깊이 고민하기보다는 항상 긍정적으로 생각하고 싶다

☐ 집에 오면 가장 먼저 TV를 켠다

☐ 지하철보다 자동차가 좋다

☐ 시계, 안경, 신발, 가방 등에 대한 취향이 까다롭다

☐ 코스 요리처럼 시간이 오래 걸리는 식사는 싫다

☐ 영화는 액션 영화처럼 긴장감 넘치는 것이 좋다

☐ 쾌활하고 활동적이며 지구력도 좋은 편이다

5종에서 체크한 수 ⋯ _____ 개

6종 체크

☐ 기복이 심한 파란만장한 인생에 매력을 느낀다

☐ 큰 꿈은 꾸지 않지만, 현실보다 꿈의 세계에서 공상하는 것이 좋다

☐ 정리 정돈을 잘 못한다

☐ 평범한 것보다 낡은 옷이나 고풍스러운 희귀품을 선호한다

☐ 성적 매력이 있다는 소리를 듣는다

☐ 벽에 기대는 습관이 있다

☐ 연애하면 상대를 시험하는 행동을 한다 (질투를 유발하고 싶어진다)

☐ 생각나는 대로 행동하고 싶을 때가 있다

☐ 일상적인 업무를 싫어 한다

☐ 현실 세계에서 사는 것이 때로는 힘들다

6종에서 체크한 수 … _____개

7종 체크

☐ 스포츠 경기를 볼 때 주변 신경 쓰지 않고 큰 소리로 응원한다

☐ 다른 사람에게 주의를 받으면 슬픔보다 분노의 감정이 커진다

☐ 악의는 없지만 입이 가볍다

☐ 상대를 생각해서 칭찬만 하지 않고 결점도 알려준다

☐ 경쟁자가 있으면 의욕이 더 치솟는다

☐ 옷이나 액세서리는 디자인이 정교하거나 화려한 것을 선택하는 편이다

☐ 집착이 강한 편이다

☐ 감정이 요동치는 것을 좋아한다

☐ 미용이나 마사지 등 자기 관리를 게을리하지 않는다

☐ 이야기할 때 자기도 모르게 제스처가 커진다

7종에서 체크한 수 … _____개

8종 체크

☐ 덩달아 울거나 기뻐서 우는 등 감정이 격해지면 울어버린다

☐ 쓸데없이 너무 열심히 할 때가 있다

☐ 컨디션이 나빠도 눈치채지 못하고 참는 경우가 있다

☐ 주최자 역할을 자주 맡는 편이다

☐ 다른 사람을 칭찬하거나 인정하는 것을 좋아한다

☐ 고민 상담을 자주 받지만, 내 고민을 털어놓는 것은 잘 못한다

☐ 꾸준히 노력하는 것이 힘들지 않다

☐ 시야가 좁아진 걸 깨닫지 못할 때가 있다

☐ 다른 사람을 존경하는 마음이 강하다

☐ 곤경에 처한 사람을 못 본 척할 수 없다

8종에서 체크한 수 … _____개

9종 체크

☐ 집중하면 잡음이 들리지 않으며 내면에 의식이 집중된다

☐ 사교성은 좋지만 기본적으로 남에게 마음을 열지 않는다

☐ 마음에 들면 계속 같은 음식만 먹는다

☐ 몰입하는 성격에 집착이 강해 너무 까탈스럽다는 말을 듣는다

☐ 공동 작업을 싫어한다. 한번 결정하면 끝까지 혼자서 해내려는 완벽주의자다

☐ 빈틈없이 준비하기보다는 현장에서 생각하고 행동하기를 좋아한다

☐ 직감력이 뛰어나며, 냉정하고 객관적으로 매사를 보는 경향이 있다

☐ 방 전체를 둘러볼 수 있는 것에 안도감을 느낀다

☐ 깜짝 놀라게 하는 걸 싫어한다

☐ 실제보다 체격이 작아 보인다

9종에서 체크한 수 … _____개

10종 체크

☐ 홈 파티 등 사람 대접하기를 좋아한다

☐ 진지한 드라마보다 많은 사람이 웃을 수 있는 드라마가 좋다

☐ 누구에게나 친절하고 평등하게 대하도록 노력한다

☐ 배신당하거나 미움받는 것에 거부감이 크다

☐ 남에게 의존하는 것이 불편하다

☐ 힘들 때 힘들다는 말을 잘 못한다

☐ 화려한 여장부(큰형님) 타입으로 보이지만, 의외로 천진난만하고 애교가 많다

☐ 누가 의존하면 필요 이상으로 신경 쓰며 챙긴다

☐ 시야가 넓고 통찰력이 있다

☐ 안아주고, 만지고, 스킨십을 하면 마음이 놓인다

　　10종에서 체크한 수 … _____개

　　– 《심리 상담가가 알려 주는 진정한 나를 깨우는 체벽론》(오다카 지에, 2017년) 중에서

체벽 체크하는 법

1. 종種별로 해당하는 항목을 세어 본다.
2. 상대적으로 점수가 높은 종이 자신의 종이다.
   - 가장 점수가 높은 종 ··· 주 체벽
   - 그다음으로 점수가 높은 종 ··· 부 체벽

【예】

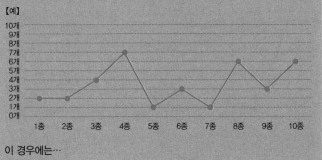

이 경우에는···
   - 주 체벽: **4종**   • 부 체벽: **8종**과 **10종**

해설

전체에서 가장 점수가 높은 종이 주 체벽이고, 그다음으로 점수가 높은 종이 부 체벽이다. 그때그때 처한 상황 등에 따라 '주 체벽 성격 대신 부 체벽 성격이 드러난다'라는 식으로 상상해 보자. '몇 개 이상이면 해당한다'는 기준은 없으며, 상대적으로 높은 점수로 판단한다. 점수는 에너지 양의 크기와 관련이 있지만, 어떤 체벽에 해당하는지 판단하는 것과는 무관하다. 이를테면 가장 점수가 높은 종에서도 세 개만 해당한다면, 그것이 주 체벽이다. 또한 똑같은 최고 점수를 얻은 종이 두 개라면, 주 체벽은 두 개라는 의미다.

체벽론에서는 성격을 열 가지로 분류하지만 '어느 종이 좋다, 나쁘다' 같은 것은 없다. 사람마다 생김새가 각양각색이듯 성격도 다양하며, 열 가지에 한정된 것이 아니다. 주 체벽이 같은 종인 사람은 성격 성향이 닮았지만, 강약의 차이도 있고 부 체벽에서도 차이가 난다.

- **체벽론을 이해하기 위한 세 가지 기본 포인트**

① 특징적인 내장과 기관

아래와 같이 감정이 작용할 때 민감하게 반응하고 에너지가 잘 집중되는 부위가 있다.

1, 2종	3, 4종	5, 6종	7, 8종	9, 10종
두뇌	소화기	호흡기	비뇨기	생식기

【예】 3, 4종 / 소화기인 경우

희로애락의 감정이 작용하면 소화기를 자극해 먹는 것에 영향을 미친다. 3종은 식욕이 증가해 먹는 것으로 충족하려 하고, 4종은 식욕이 떨어져 잘 먹지 않으려 한다.

② 신체 습관, 운동 특성

종마다 다음과 같은 신체 '습관'과 '운동 특성'이 있다.

- **1종, 2종 ⋯ 상하**

  1종은 상하 운동이 크고, 2종은 턱이 치켜 올라간 상태다.

- **3종, 4종 ⋯ 좌우**

  3종, 4종은 좌우 어느 한쪽으로 체중이 많이 실려 있다.

- **5종, 6종 ⋯ 전후**

  5종, 6종은 앞뒤 어느 한쪽으로 체중이 실려 있다.

- 7종, 8종 … 뒤틀림

  7종, 8종은 몸이 항상 뒤틀려 있다.

- 9종, 10종 … 개폐

  9종, 10종은 골반 개폐 정도에 특징이 있다.

③ 홀수종, 짝수종

홀수종, 짝수종은 각각 다음과 같은 특징이 있다.

- 홀수종(1, 3, 5, 7, 9종) … 양陽

  에너지를 외부로 발산하는 타입

  능동적, 주체적으로 행동하는 타입이다. 자신의 감정과 감각에 솔직하고, 기본적으로 건전한 가치관을 위한 자기계발을 하면서 타인보다 뛰어난 부분을 더 발전시키며, 스트레스도 발산하는 경향이 있다.

- 짝수종(2, 4, 6, 8, 10종) … 음陰

  에너지가 내부에 쌓이는 타입

  주체성이 부족한 수동적인 타입이다. 스스로 무언가를 하기보다는 상대가 있어야만 자신의 위치를 의식하기 때문에, 홀수종에게 휘둘리면 긴장감이 커져 심리적 부담을 느끼는 경향이 있다. 또한 타인과의 관계 속에서 자신을 발견하므로, 자기 인정을 하지 못해 자기모순에 빠질 때가 많다.

1종의 특징: 두뇌형 · 홀수종

keyword: 두뇌파 / 올바름 / 보수적 / 냉정

• 남의 감정에 휘둘리지 않는 논리적 사고의 소유자

1종은 성실하고 박식하다. 차분한 인상을 주며, 논리적인 사고의 소유자다. 자신은 물론 타인에게도 엄격하지만, 감정적이지 않고 타인의 감정과 거리를 두는 타입이다. 감정이 없는 것은 아니지만 타인의 감정에 휘둘리지 않는다는 특징이 있다.

1종은 어떤 감정을 품거나 타인이 감정을 드러내면 '이 감정은 어디에서 비롯한 것일까?' 혹은 '이건 뭘까?'라고 생각한 뒤 움직인다. 이를테면 울고 있는 아기를 보면 귀엽다고 생각하면서도 '왜 우는 걸까? 배가 고픈가? 뭔가 무서운 걸까?'라는 식으로 생각한다. 경영자 중에는 1종을 가진 사람이 많다.

2종의 특징: 두뇌형 · 짝수종

keyword: 단순 작업 / 예측 / 역할 / 매뉴얼대로 / 의무

• 매뉴얼대로 움직여야 마음이 놓인다

2종도 1종과 마찬가지로 논리적 사고의 소유자이지만, 매뉴얼대로 움직이는 것에 안도감을 느낀다. 수수하고 조심스레 꾸준히 노력하는 타입이며, 평온한 일상을 좋아한다. 예기치 못한 사태에 대비해 꼼꼼하게 계획을 세우려는 타입으로, 항상 걱정의 소용돌이에 휘말리는 경향이 있다.

2종은 인내심이 강하고 자신을 희생하는 경향이 있지만, 그것을 의무라고 생각한다. 그래서 불만이 쌓이면 사소한 일로 폭발할 때가 있는데, 주위에서는 '착한 사람인데 왜 갑자기 화를 내지?'라고 생각하기도 한다. 서브 리더나 비서처럼 메인 인물 밑에서 보좌하는 타입이 많다.

3종의 특징: 소화기형 · 흡수종

keyword: 자기감정 / 사랑받는 캐릭터 / 약삭빠름 / 드라이

- **천진난만하고 즐거운 것을 좋아하는 사랑받는 캐릭터**

  3종은 천진난만하고 즐거운 것을 좋아한다. 밝고 수다스럽고 애교가 많으며, 달콤한 음식과 귀여운 것을 좋아하는, 사랑받는 캐릭터다. 판단 기준은 호불호, 즉 자기감정이다. 자기감정에 솔직하고 긍정적인 일에는 의욕적으로 임하지만, 부정적인 일에는 잘 대처하지 못한다.

  3종에게 딱 들어맞는 이미지가 나비다. '예쁜 꽃을 발견하면 훨훨 날아가 꿀을 빨고 바로 다른 곳으로 날아가는' 나비처럼 사람을 대한다. 그래서 본인에게 악의는 없지만 '이 사람 저 사람한테 잘 보이려 하는 아첨꾼'이라며 미움을 사기 쉽다. 하지만 미워할 수 없는 캐릭터라서 그냥 그러려니 하게 되는 타입이다.

keyword: 타인의 감정 / 신비함 / 부정적 사고 / 자기희생

• 여리여리하고 신비로우며, 남의 감정에 잘 휘둘린다

4종은 다른 사람의 감정에 좌우된다. 자신의 감정을 잘 모르고 타인의 부정적 감정에 쉽게 반응하는 자기 희생적 타입이다. 선이 가늘고 여리여리한 인상으로, 현실감이 떨어지고 신비롭다. 숨겨진 강한 내면이 무의식중에 타인을 끌어들이는 부분이 있다.

4종은 어딘가 속세와 떨어져 사는 것 같고 '잔상이 남는' 듯한 사람이다. 이를테면, 버스 정류장에 서 있는 모습이 문득 눈에 들어오는, 그런 이미지다. 극단적으로 말하면, 버드나무 밑의 아름다운 유령 같아서 멍하니 서 있는 모습이 시선을 끌지만 자기주장은 하지 않는 느낌이다. 종잡을 수 없는 분위기가 보호 본능을 자극하는 매력으로 작용하는 타입이다.

keyword: 합리주의 / 속도 / 동시 진행 / 손익계산 / 드라이

• 합리성과 속도를 중시하는 리더 타입

5종은 합리성을 중시한다. 또한 순발력과 속도도 중시하며, 손익계산을 통해 순식간에 매사를 판단한다. 새로운 일에 도전해 결과를 내는 것에 희열을 느끼며, 일을 동시에 진행하는 경향이 있다. 리더에 적합한 타입

이며, 경영자는 5종을 가진 사람이 많다.

5종은 지는 싸움에는 절대 도전하지 않으며 항상 승리에 집착한다. 이를테면 프레젠테이션에서는 지더라도 '다음에는 꼭 이기겠어'라며 강한 의지를 불태우는 식이다. 집착이 강한 편은 아니며, 화내 봐야 시간 낭비라고 여기기 때문에 감정적으로 화내는 일은 거의 없다. 합리적이고 담담한 타입이다.

6종의 특징: 호흡기형 · 짝수종

keyword: 낭만 / 느긋함 / 어둠의 실력자 / 독창성의 미학

• 꿈속 세계를 살아가는 듯한 신비로운 공상가

6종은 신비로우며 공상가이자 예술가 성향이 있다. 둥실둥실 떠 있는 느낌을 주며, 자기만의 세계가 있고 꿈과 낭만을 이야기하기를 좋아한다. 꿈속 세계를 살아가는 듯 무슨 생각을 하는지 알 수 없고, 감정 기복이 심하다.

6종은 예술가적인 면모가 있는 사람이다. 옷을 예로 들자면, 패스트 패션은 입지 않으며 "어디서 샀어?"라고 다들 궁금해 할 만한 신비롭고 독특한 옷만 입는 식이다. 남들이 다 좋다고 하는 것에는 매력을 느끼지 못하는 타입으로, 카리스마 넘치는 사람이 될지 공상가가 될지는 종이 한 장 차이이다.

keyword: 분노 / 승리 / 화려함 / 브랜드 / 동지애 / 스포츠맨 기질

• 동지애가 강하고 싸우는 것에 삶의 보람을 느낀다

7종은 활기 넘치고 경쟁을 즐긴다. 크고 강한 것을 동경하며, 힘들어도 승부에 도전하는 것에 삶의 보람을 느낀다. 화려한 것을 좋아하고 브랜드 제품을 선호하며 동료를 무척 아끼지만, 자기주장이 강하고 기세가 오르면 냉정함을 잃는 측면이 있다.

7종은 동지애가 강해서 동료를 위해 노력하는 것이 힘들지 않으며, 동료가 곤경에 처하면 몸을 던져 어려움을 헤쳐 나가려 한다. 승부를 좋아하고 싸우는 것에 의미를 두기 때문에, 지는 싸움이라는 걸 알면서도 도전하는 우두머리 · 여장부 기질을 가진 타입이다. 때로는 싸웠던 상대에게조차 같은 어려움에 맞섰던 사람으로서 유대감을 느끼기도 한다.

keyword: 동지애 / 스포츠맨 기질 / 노력 / 인내 / 자기희생

• 자신보다 타인을 더 소중히 여기는 숨은 조력자 타입

8종 역시 7종과 마찬가지로 동료를 아끼며, 뒤에서 조용히 도와주는 숨은 조력자 타입이다. 인내심이 강하고 끈기 있는 노력가이며, 타인이 자신에게 의지하는 것을 좋아한다. 자신보다 타인을 우선하지만, 그 때문

에 종종 버거워 보이기도 한다.

8종은 '다른 사람을 돕고 싶다'는 마음이 강하고, 다른 사람을 위해 자신의 희생을 마다하지 않는다. 하지만 뭐든지 타인을 우선하므로, 몸이 상하는 것도 모를 정도로 일하다가 병에 걸리고 나서야 알아차린다. 그런 자기희생을 자기희생이라 생각하지 않는 극한의 둔감함을 지니고 있다.

9종의 특징: 생식기형 · 흡수종

keyword: 장인 기질 / 본질 / 집중력 / 집착심

• 자신의 세계를 소중히 여기는 집착심 강한 장인 기질

9종은 집중력이 뛰어난 장인 기질의 소유자다. 사물을 예리하게 꿰뚫어 보는 눈이 있고, 고독과 자기 혼자만의 시간을 좋아하며, 자신의 세계를 완벽하게 구축하려 한다. 또한 하나의 '사람, 물건, 일'에 대한 집착이 강하고, 중요하다고 여기는 것은 끝까지 밀고 나가며, 끝까지 소중히 여긴다.

9종은 집착이 강해서 사람에 따라 인상이 달라지는 타입이다. 이를테면 좋아하는 사람에게는 아낌없이 에너지를 쏟기 때문에 '무척 다정하고 잘해 주는 좋은 사람'이지만, 싫어하는 사람에게는 '무뚝뚝하고 차가운 사람'으로 보이는 등 사람에 따라 전혀 다르게 보일 수 있다.

keyword: **자비 / 박애 / 스타성 / 집착심**

• 뛰어난 포용력과 깊은 애정으로 많은 사람에게 사랑받는 타입

10종은 포용력이 있고, 밝은 성격에 남을 보살피기 좋아하며 친절하다. 박애 정신이 있고, 애정이 깊어 많은 사람에게 사랑받는다. 자신과 관련된 모든 '사람, 사물, 일'에 집착이 강하고, 모든 걸 손에 넣고 싶어 하며, 타인의 평가를 매우 중시한다.

10종은 자비로움으로 가득 차 있다. 누군가를 보살피는 것이 삶의 보람이고, 타인에게 헌신적이지만 마무리가 허술한 경향이 있다. 그래서 상대를 돕고자 손을 내밀어 보지만 뜻대로 되지 않아 쏟아부은 노력이 물거품이 되기도 한다. 또한 모든 사람에게 사랑받기 위해 예스맨이 될 수도 있다.

• **체벽 활용의 포인트**

① **정기적으로 체크하기**

체벽 체크는 체크하기 전에 큰 사건이 발생하는 등 그때의 상황이나 기분이 결과에 영향을 미칠 수 있으므로, 정기적으로 체크해야 자신의 체벽을 더 정확하게 파악할 수 있다. 내가 경영하는 상담소 직원들은 모두 정기적으로 체크하고 있다.

② 두 가지 모드로 체크하기

사람은 다양한 얼굴을 가진 존재다. 따라서 어떤 상황을 가정하는지에 따라 체크 항목의 답변도 달라진다. 특히 업무와 사생활은 크게 달라지는 경우가 많기에, 일할 때의 자신을 가정한 '업무 모드'와 사적인 나를 가정한 '개인 모드', 이 두 가지 모드로 체크하는 것이 좋다.

해설

체벽 체크는 6개월에 한 번꼴로 정기적으로 하는 것이 좋다. 물론 전혀 변하지 않을 수도 있지만 부 체벽이 주 체벽이 될 만큼 크게 달라지는 경우도 있다. 반복적인 체크로 익숙해지면 '이런 일이 있을 때는 이런 내 모습이 나온다'라는 식으로 자신의 경향을 이해할 수 있다.

또한 '업무 모드'와 '개인 모드'로 체크하면 업무와 사생활에서의 사고 방식 차이도 뚜렷해진다. 질문 내용에 따라 어느 한 측면만 상상하기 어려울 때도 있는데, 예컨대 '집안일이 힘들지 않다'면 '사무실 책상 주변을 잘 정리하고 있는가?' 생각해 보자.

그리고 체크할 때 '동경하는 나', '되고 싶은 나'로 체크하는 사람이 있는데, 답변하는 사람은 어디까지나 '실제 나'이자 '현재의 나'이다. 이 관점을 명심하고 체크해 보자.

체벽을 활용해 자신을 더 잘 이해하자

- ### 나의 종種을 알면 나를 객관화하는 데 도움이 된다

체벽을 이해하면 자신을 객관적으로 파악하는 데 도움이 된다. 이를테면 나는 업무 모드에서는 1종과 5종 점수가 높지만, 개인 모드에서는 그다지 높지 않다. 이는 업무 같은 공적인 자리에서는 1종과 5종의 나를 연기하기 때문이라 할 수 있다. 사실 오랜 시간 그러다 보면 몸에 배서 익숙해진다. 그래서 개인적으로도 "생각이 확고하면서 판단력도 빠르시네요"라거나 "머리 회전이 빠르시네요"라는 말을 듣기도 한다. 그러다 보면 내가 의도하지 않아도 필요한 상황에서 1종과 5종의 나를 연기하고 있음을 알게 된다.

이처럼 자신의 특성을 이해하면 '이럴 때는 좀 더 이 종을 드러내야 해', '지금의 나에게는 이 종이 부족해'와 같은 접근 방식도 가능해져, 자기 행동을 논리적으로 바라볼 수 있게 된다.

- ### 반복 체크하면 활용 범위도 넓어진다

체벽을 정기적으로 체크하면 내면의 변화를 파악하는 데 도움이 된다. 전부 비슷한 점수라 자신의 종을 잘 모르겠다는 사람도 있는데, 처음에는 잘 모르더라도 '나는 이 종이

야'라든가 '저 사람은 이 종이 강한 것 같다'라고 생각하다
보면, 일상에서 '지금 1종이 나타났어' 혹은 '여기서는 8종
을 좀 더 발휘하는 편이 좋겠어'라고 금세 알게 된다.

또한 자신에게 부족한 종을 객관적으로 보고 '이 분야에
서 더 노력하자'라든가 '이 종처럼 행동하자'라는 식으로 의
식하면서 조금씩 자신을 변화시킬 수 있게 된다. 체크를 반
복하다 보면 '자신감이 없으면 어떤 종이 높아진다' 같은 상
황이 보이기도 하고, 자신이 주의해야 할 징후를 시각화할
수도 있다.

• Column •

포멀과 인포멀 의식하기

포멀과 인포멀의 균형

자신을 객관적으로 이해하려면 공적인 얼굴인 '포멀'과 사적
인 얼굴인 '인포멀', 양면을 의식하고 이해하는 일도 중요하
다. 포멀과 인포멀의 균형을 잘 잡는 것이 자신감을 가질 수
있는 근본적인 길이기 때문이다.

예를 들자면, 친구 회식 자리에 초대받아 업무와 연결될 수
있는 사람을 소개받는 경우가 있다. 그런 자리는 포멀과 인
포멀 모두 가능하기에 어떤 태도로 대해야 하나 고민하다가
'친근하고 천진난만하게 행동하지만, 실은 논리적으로 생각
하면서 천진난만한 척 한다' 와 같은 상황이 펼쳐질 수 있다.

그러면 언뜻 순진해 보여도 자신의 본모습이 아니기 때문에 몹시 피곤해진다. 이런 일이 누적되면 체내 에너지가 감소해 기운이 빠진다.

마음이 피곤하면 무리하지 않는 것이 가장 좋다. '포멀과 인포멀이 불분명하고 가짜 나를 연기하는 게 피곤하다'는 것을 깨달으면, 중심을 잡고 본연의 모습을 되찾기 위해 노력할 수 있다. 인포멀이 충실한 사람이 한 인간으로서 스스로를 인정할 수 있을 때 자신의 기반이 탄탄해지므로, 밖에서 연기하는 공적인 자신도 인정할 수 있다. 그러나 어느 한쪽이 무너지면 함께 무너지기 때문에 자신을 긍정하기가 어려워진다. 또한 업무가 힘들어질수록 사적인 시간에 자신을 해방시키지 않으면 더 힘들어질 뿐이다. 그렇다고 사적으로 여유로운 시간만 보낸다면 자극이 없어 만족스럽지 않기에 자신감을 얻기 힘들다. 그러므로 양쪽의 균형을 잘 잡는 것이 중요하다.

포멀과 인포멀을 의식하는 것은 임포스터 증후군을 극복하는 데도 도움이 되므로 꼭 기억해 두자.

• summary •

지금까지 살펴본 내용을 짧게 정리해 보자

임포스터 증후군을 이겨 내려면 잃어버린 나를 되찾아야 한다. 그러기 위해서는 자신의 마음 상태를 정리하고 이해하는 것이 중요하다. 하지만 마음은 눈에 보이지 않으니 막연하게 이해하면 받아들이기 쉽지 않다. 따라서 사람의 마음을 이해하기 위한 이론을 공부하면서, 평소에 마음을 구조화하는 의식을 가져야 한다.

Chapter 2

내가 나를
사랑하는 법

임포스터 증후군에 빠진 사람은
자신을 믿지 못한다. 자기 능력과 가치,
사고방식과 행동을 옳다고 믿지 못한다.
자신감은 임포스터 증후군을 극복하는 길이다.
따라서 다시 한번 '나'에 대해 생각해 보자.

자존감과
인정 욕구의 관계

자신감 부족을 타인의 평가로 채우려고 하면
문제가 생긴다

여러분은 지금 '자신감이 있다'라고 말할 수 있는가?

"자신감이 없다"라는 말을 차마 하지 못 하겠다.

자신감이 없으면 안 된다고 생각한다.

자신만만한 사람을 보면 부럽다.

"자신감이 있다"라고 말할 수 없다면 이런 식으로 생각하고 있을 수 있다. 자신감은 중요하기에 항상 자신감을 갖고 싶다고 생각하는 사람이 적지 않을 듯싶다.

물론 자신감이 없는 것보다는 있는 편이 좋다. 자신을 믿을 수 있다면 마음에 여유가 생겨 기분도 긍정적으로 바뀌고, 나다운 모습으로 활기찬 시간을 보낼 수 있다.

그러나 강한 자신감은 자칫 과신이 될 수 있고, 오만함으로 이어질 수도 있다. 자신감 부족을 안 좋게 여기는 사람도 있지만, 자신감이 부족하면 매사에 신중해지고 오히려 그것이 좋은 결과를 가져오기도 한다. 어쨌든 자신감 부족이 꼭 나쁜 것만은 아니다. 사실 자신만만해 보이는 사람도 항상 긍정적이지는 않다. 자신감을 잃는 순간은 누구에게나 찾아오는 법이다.

다만 그런 자신감 부족을 냉정하게 받아들일 수 있다면 좋겠지만, 자신감 부족을 타인의 인정으로만 채우려는 사람이 있다는 게 문제다. 물론 남에게 인정받으면 자신감이 생기기에, 그렇게 되는 건 자연스러운 감정이다. 하지만 그 경향이 지나치면 늘 불안과 두려움이 떠나지 않아 문제가 생길 수 있다.

자신감의 원천이기도 한 프라이드에는 '자존감'과 '인정 욕구'가 있다

자신감 형성에 관여하는 중요한 요소가 '프라이드'다. 프라이드라고 하면 '왕자로서의 프라이드', '프라이드를 가지고 일한다'처럼 긍정적인 의미로 쓰이기도 하지만, '역겨운 프라이드', '프라이드가 너무 강하다'와 같이 부정적인 의미로 쓰이기도 한다. 이처럼 사람마다 연상하는 이미지가 다양한 이유 중 하나는 프라이드에는 '자존감'과 '인정 욕구'라는 두 종류가 있기 때문이다.

조금 전에 말한 '타인의 평가로 자신감을 채우려는 사람'은 자존감은 그리 높지 않으면서 인정 욕구가 강한 성향이라 할 수 있다.

• 자존감

'자존감'은 '나를 소중하고 고귀한 존재라고 믿는 마음'을 뜻한다. 자존감이 높은 사람은 자신을 고귀하다고 여기며 존중한다. 좋은 의미에서 자신감과 여유가 있어 타인도 소중히 여길 줄 알며, 타인의 평가에 휘둘리지 않고 자신이 좋다고 여기는 것을 책임감을 갖고 완수할 수 있다. 자기애가 너무 강해서 자신이 좋다고 여기는 일을 멋대로 하는 사람도 있다. 하지만 그런 자기중심적인 행동과는 전혀 다르게 자기 분수에 맞는 일을 제대로 책임지고 해낼 수 있는 사람이 자존감 높은 사람이다.

• 인정 욕구

'인정 욕구'는 '타인에게 인정받고 싶은 욕구'를 말한다. 누군가에게 인정받음으로써 안도감을 얻는 사람은 인정 욕구가 강하다고 할 수 있다. 알기 쉬운 사례를 들자면, SNS에서 '좋아요'를 많이 원하는 사람이 이에 해당한다. 인정 욕구가 강한 사람은 자아상self-image이 낮고 자신감이 부족한 경향이 있다. 타인에게 칭찬받지 못하면 마음이 충족되지 않기 때문에 타인의 존재로 자신의 존재 가치를 유지하려는 측면이 있어 자존감은 그리 높지 않다. 자신을 소중히 여기지 못하고 무언가에 의존하려는 경향도 보인다.

이런 면만 본다면 인정 욕구가 나쁜 것처럼 보일 수 있다. 실제로 인정 욕구라는 말은 대중에게 널리 알려지면서 일상적으로 쓰이고 있다. 이를테면 '저 사람은 인정 욕구의 화신이라서 가까이하기 싫다'와 같이 부정적인 뉘앙스로 자주 사용되며 '인정 욕구가 있는 사람 = 나쁜 사람'이라는 이미지가 널리 퍼져 있다.

그러나 인정 욕구가 강하면 더 열심히 하고 싶고, 긍정적인 마음이 생기기도 한다. 인정 욕구가 있다는 것을 나쁘게 볼 필요는 없다. 애초에 인정 욕구는 모든 인간이 가진 욕구다. 개중에는 자신의 세계관만으로 살아가며 인정 욕구에 달관한 사람도 있지만, 내 마음이 인정 욕구를 느낀다고 해서 부정할 필요는 없다.

그러나 인정 욕구만 강한 사람은 자기 능력도 고려하지 않은 채 인정받고 싶다는 프라이드만 강해져 공격적인 태도로 인정 욕구를 채우려 할 수 있다. 그러면 대인 관계에도 문제가 발생한다.

자존감의 정도는 인정 욕구의 강도와 관련 있다

인정 욕구의 강도는 기본적으로 내 안에 자존감이 얼마나 높은지와 관련이 있다. 자존감이 높으면 '인정 욕구 = 타자 평가'를 많이 얻지 못해도 내 안에 확립된 것이 있기에 인정 욕구에 크게 의존하지 않는다. 그러나 자존감이 낮은 상태에서는 타인에게 인정받지 못하면 마음의 공허함이 메워지지 않아 인정 욕구가 강해진다.

인정 욕구가 강한 사람 중에는 자신을 긍정해 주는 예스맨만 주변에 끌어들이려는 사람도 있다. 하지만 그로 인해 작은 자신감은 들지 몰라도 진정한 의미의 자신감은 가질 수 없다. 어릴 때는 그래도 괜찮지만, 커 가면서 주변이 성장해 가는데 자신은 성장한다는 느낌이 없으면 뒤처지는 기분이 든다. 그러다 보면 무조건 긍정해 주는 예스맨에게 아무리 인정받아도 '이 사람들에게 인정받고 만족해도 되는 걸까…'라는 생각을 스스로 하게 된다. 그런 속마음을 들키지 않기 위해 자존감 있는 척 행동해 본들 그것은 가짜 자존감이며, 진정한 의미에서 자신을 소중히 여기는 것이 아니다. 마음속 깊은 곳에서는 '어차피 나 같은 건…' 같은 부정적인 감정이 자신도 모르게 싹튼다. 또한 자존감이 극도로 낮아져 도무지 자신을 아낄 수 없고, 달리 마음 둘 곳을 찾지 못하면 손목 자해나 섭식 장애와 같은 자해 행위로 치닫는 경우도 있다.

• 손목 자해

손목 자해는 꼭 자살할 의도로 행하는 것이 아니다. 고통스러운 경험으로 자신에게 충격을 줌으로써 불쾌한 일을 잠시 잊고 괴로운 현실을 외면할 수 있어서 행하기도 한다. 또는 고통을 느끼며 살아 있다는 느낌을 맛보고 싶거나 타인에게 통제받는 것이 아니라 스스로 자신을 통제하고 싶다는 욕구가 얽힌 예도 있다. 어느 쪽이든 자존감이 낮거나 자아를 잃으면서 그런 행동을 하는 경향이 있다. 마음속 어딘가에 자신을 인정해 달라는 욕구가 있는데, 그 욕구가 충족되지 않으면 그런 행동을 반복하는 의존성이 생길 수 있다.

- ## 섭식 장애

섭식 장애는 주로 여성에게서 나타난다. 죽을 만큼 음식을 먹거나, 먹고 토하기를 반복하는 것으로 속이 안 좋은 것에 의식을 집중해 불쾌한 일을 잠시 잊기 위해서 하는 행동이다. 또 먹은 걸 토해냄으로써 스스로 자신을 통제한다는 느낌을 받을 수 있어, 지배당하기 싫다는 마음에서 비롯되기도 한다. 손목 자해와 마찬가지로 자존감이 떨어지면서 나타나는 증상이다.

임포스터 증후군에 빠진 사람은 "나에게 확신이 가지 않는다"라는 말을 자주 한다. 타인의 평가로 자신감을 얻는다 한들 나 자신을 소중히 여기지 않는다면 진정한 의미에서의 자신감을 얻기는 힘들다. 중요한 것은 자존감이다. 누군가와 비교하는 것으로만 마음의 빈틈을 메웠다면 이제 그만둬야 한다. 나를 나로서 받아들이고, 타인을 비판하는 것이 아니라 저 사람은 저 사람대로 좋은 점이 있다고 여유롭게 인정할 수 있는 것이 이상적인 마음가짐이다.

자존감이 낮을수록 화가 많다

앞서 프라이드에는 '자존감'과 '인정 욕구' 두 종류가 있다고 설명했다. 이를 이해하면 '프라이드에 상처를 입었다'라면서 화를 내는 사람의 심리 메커니즘을 쉽게 이해할 수 있다.

기분을 거스르는 말을 들었을 때 "프라이드를 건드렸어"라며 화를 내는 사람은 자기 평가나 자존감이 낮은 경향이 있다. 타인의 평가로 자신을 보완하기 때문에 심리적으로 불안정해지기 쉽고, 프라이드가 높아 보여도 사소한 일로

• 프라이드는 두 종류

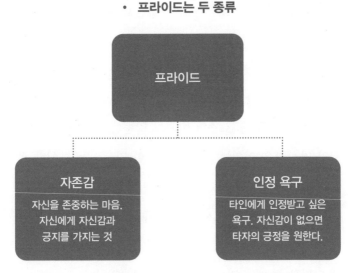

인정 욕구의 강도는 기본적으로 자존감이 얼마나 있는지와 관련이 있다.

상처받을 만큼 취약하다. 프라이드에 상처를 입었다고 느끼면 공격적으로 변해 분노를 한껏 표출하기도 하는데, 이는 자존감이 부족하기 때문이다. 극단적으로 표현하면, 자존감이 텅 빈 것이다. 갑옷을 입고 필사적으로 보호하던 자존감이 공격받았다고 느끼면, 불안하고 두려운 감정이 생겨 이를 숨기기 위해 분노를 전면에 내세우게 되는 것이다. 그 이면에는 강한 인정 욕구가 숨어 있는 경우가 많다.

자신감의 3요소,
자립·자율·자기 효능감

자신감 형성에 필요한 '자립'과 '자율'

자신감을 키우기 위해서는 '자립'과 '자율'도 빼놓을 수 없다. 이 두 가지 모두 자신감 형성에 매우 중요한 요소다.

• 자립

'자립'은 '자기 힘으로 일을 추진할 수 있다'는 의미다. '자립이 중요하다'라고 하면 많은 사람이 정신적 자립을 떠올리는데, 정신적 자립 못지않게 중요한 것이 바로 경제적 자립이다. 물론 타인에게 의존하면 자신감도 얻기 힘들기에 정신적 자립의 중요성은 말할 필요도 없다. 이를 전제로 여기에서는 경제적 자립에 초점을 맞추고자 한다. 경제적 자립은 '먹고 살 수 있는가?'라는 삶의 근간과 관련된 것이기 때문이다. 경제적으로 자립하지 못하면 정신적으로 자립했다 해도 자신감을 얻기 힘든 법이다.

경제적 자립은 부부간에 발생하는 정신적 학대나 가정 폭력과 같은 문제와도 밀접한 관련이 있다. 정신적 학대나 가정 폭력을 당하면 자신을 더 부정적으로 인식하게 된다. 자기 긍정감은 물론 자신감도 떨어져서, 견디다 못해 헤어지고 싶어도 돈 문제에 직면하게 된다. 돈 걱정이 없다면 한 걸음 내디딜 용기를 낼 수 있지만, 경제적 전망이 어둡다면 쉽사리 헤어질 수 없다.

내일부터 어디서 살지?
헤어지면 어떻게 살아가야 하지?

이는 절실한 문제다. 실제로 경제적 자립을 하지 못해 비참한 현실에 안주하는 사례도 적지 않다. 정신적 학대나 가정 폭력으로 고통받는 여성들을 적극적으로 지원하는 상담도 여러 번 진행한 적이 있는데, 남편의 수입이 없으면 살아갈 수 없었던 내담자가 일자리를 얻어 남편의 생활비에 의존하지 않아도 생활할 수 있게 되자 강인하고 씩씩해지는 모습을 본 적이 있다. 이처럼 경제적 자립은 마음가짐에도 영향을 주는 중대한 문제다.

• 자율

'자율'은 자기 통제, 즉 '주체적으로 자신이 세운 규범에 따라 행동하는 것'을 뜻한다. 자율의 반대말은 '타율'로, 타인의 규범이나 명령에 따라 타율적으로 행동하는 사람이 적지 않다. 스스로 자신을 통제하는 건 의외로 어려운 일이다.

내가 자주 받는 상담 가운데 자율에 문제가 있는 대표적인 사례는 섭식 장애를 겪는 사람이다. 성실하고 감수성이 풍부하며 부모의 기대를 저버리지 않기 위해 최선을 다하던 아이가 어느 날 "요즘 살이 좀 찐 것 같지 않니?"라는 부모의 한마디에 극단적인 다이어트에 돌입해 섭식 장애를 겪은 사례가 있었다. '부모의 말이 전부'였던 아이는 부모가 가볍게 한 말을 심각하게 받아들여 필사적으로 개선하려 했다. 이는 자율성이 부족하다는 증거다. 그렇게 부모의 눈치만 보고 자라면 자율성 없는 어른이 된다. 옷차림이 단정해서 자신을 통제할 수 있는 멋진 어른처럼 보이더라도, 부모를 위해서 옷차림에 신경 쓰는 거라면 그것은 타율이다.

스스로 자기 행동을 통제하지 못하면 자신감도 얻기 힘들다. 내 안에 확고한 규범이 있고, 그 규범에 따라 자신을 잘 통제할 수 있어야 자신감도 생기는 법이다.

'자기 효능감'이 높으면 자신을 믿을 수 있다

어떤 도전을 앞두고 '이건 할 수 있을 것 같아', '분명 어떻게든 될 거야'라는 느낌이 들 때가 있다. 이처럼 성공을 믿을 수 있는 감각을 '자기 효능감self-efficacy'이라고 하는데, 캐나다의 심리학자 앨버트 반두라Albert Bandura가 명명한 개념이다.

자기 효능감 역시 자신감 형성에 필수적인 요소다. 자기 효능감이 있으면 매사에 적극적으로 대처할 수 있다. 이는 자존감 상승으로 이어져 자신감도 키운다. 그러면 마음이 충족됨으로써 또 다른 성공으로 이어지고, 이는 다시 자기 효능감으로 이어지는 선순환이 일어난다.

자기 효능감을 높이려면 기본적으로 '성공 체험'을 쌓는 것이 중요하지만, 때로는 '마음가짐 바꾸기'도 중요하다.

- **성공 체험**

자기 효능감은 성공과 성취 경험을 쌓아가면서 얻는 것
이다. 한 번 성공한 경험이 있으면, 다음에 비슷한 상황을 만
났을 때 '이번에도 잘할 수 있을 거야'라는 생각이 든다. 이
런 성공을 되풀이하다 보면 '이건 괜찮아. 걱정하지 마. 잘할
수 있어'라는 감각이 뿌리를 내리게 된다.

이런 감각은 스스로 실행해서 성공해야만 길러지는 것
은 아니다. 타인이 잘하는 모습을 관찰하면서 '저렇게 하면
나도 잘할 수 있을 거야'라고 느낄 수도 있고, 지도자 등 다
른 사람이 성공하는 방법을 설명해 주거나 격려하면 '나도
할 수 있겠구나'라고 느낄 수도 있다. 그런 감각을 바탕으로
실행해서 실제로 성공하면 자기 효능감은 더욱 높아진다.

다만 주의해야 할 점은 성공만 쌓인다고 해서 자기 효능
감이 높아지는 것은 아니라는 점이다. 자기 효능감은 내 마
음속에 만족감이 있고, 그것이 성공이나 성취 경험과 연결
될 때 얻을 수 있다. 아무리 성공해도 그 순간에 기력이 없
거나, 그 과정에 만족하지 못한다면 자기 효능감은 얻기 힘
들다.

이는 스포츠 경기에 비유하면 이해하기 쉽다. 결과적으
로 경기에서 승리를 거뒀다고 해도, 최선을 다하지 않았거
나 단순히 상대 실수로 승리한 것이라면 진정한 의미의 만

족감은 얻기 어렵다. 사실상 패배인데 그저 운이 좋아서 이겼다면 대부분 '다음에도 이길 수 있을 거야'라는 느낌은 얻지 못한다.

이는 일터에서도 마찬가지다. 죽기 살기로 노력해서 큰 성과를 거둔다 해도, 그로 인해 기진맥진해진다면 성공의 기쁨보다 "다음번에도 똑같이 할 수 있을까?"라는 걱정이 앞선다. 아무리 큰 성공을 거둔다 해도 그것이 번아웃 증후군의 대가로 얻은 것이라면 마냥 기뻐할 수만은 없다.

이처럼 다른 사람이 보기에는 큰 성공이고 주위에서 아무리 칭찬해도, 본인의 마음속에 만족감이 들지 않는다면 성공 체험이 되기는 힘들다. 성공 체험이 되지 않으면 자기 효능감도 얻을 수 없으니 주의하자.

• **마음가짐 바꾸기**

자기 효능감을 얻기 위해서는 때로 마음가짐의 전환도 효과적이다. 난관에 부딪혔을 때 '틀렸어…'가 아니라 '어떻게든 될 거야' 하고 억지로라도 마음가짐을 바꾸는 것이다. 골치 아픈 일이 머리에서 떠나지 않아 기분이 가라앉거나 긍정적으로 생각하기 어려울 때, 여러 가지 생각이 머릿속을 맴돌다가 결국 '어떻게든 되겠지'라는 생각에 도달해 본 사람이 제법 있을 것이다.

성격상 낙관적으로 생각하기 힘든 사람도 있겠지만, 마음가짐을 바꾸고자 노력하지 않으면 상황은 나아지지 않는다. 최선을 다해도 실패한다면 어쩔 수 없지만 실패하더라도 그동안의 노력을 지켜보는 사람들이 있다. 그런 마음가짐의 전환이 중요하다.

또한 눈앞에 벽이 있을 때는 대개 시야가 좁아진다. 그럴 때 다른 관점을 가진 제삼자가 쉽게 해결책을 제시해 성공으로 이끌어 주는 경우도 있기에, 평소 신뢰할 수 있는 인간관계를 쌓아 두는 일도 중요하다.

자신감은
몸짓에도 드러난다

몸짓에서 본심을 읽을 수 있다

심리학의 한 분야에 '행동심리학'이라는 것이 있다. 간단히 설명하면, 사람의 행동이나 몸짓에서 그 심리를 읽어 내는 심리학이다. 인간이 무의식적으로 하는 몸짓에는 본심이 숨어 있을 수 있다. 이를테면 큰 프레젠테이션을 앞둔 사람이 말로는 "걱정하지 마세요. 잘할 수 있습니다. 자신 있습니다"라고 해도, 눈을 내리뜬 채 말한다면 실제로는 자신감이 없는 것일 수도 있다. "눈은 입만큼 말한다", "눈은 마음의 창", "눈은 마음의 거울"이라는 말이 있듯이, 상대의 눈을 보고 그 사람의 마음을 느껴 본 사람이 적지 않을 것이다. 자신감이 없으면 그 자신감 부족이 어딘가에 드러나기 마련이다.

비언어적 의사소통도 큰 역할을 한다

의사소통이라고 하면 '언어를 통해 자신의 기분이나 의사, 정보 등을 전달하는 행위'라고 이해하는 사람이 많다. 무언가를 전달할 때 언어가 큰 역할을 하는 것은 틀림없는 사실이다.

그러나 의사소통의 수단은 언어뿐만이 아니다. 몸짓, 손짓, 제스처, 시선이나 눈동자의 움직임, 목소리 톤과 크기, 표정, 상대와의 거리, 자세 등 언어 외의 요소로 이루어지는 의사소통을 비언어적 의사소통nonverbal communication이라고 한다.

예컨대 직장에서 바쁘게 일하는 동료가 미간을 찌푸린 채 다리를 떨고 있다면, 말하지 않아도 '짜증 나는가 보다'라고 느낀다. 이처럼 말하지 않아도 전달되는 것이 많다는 사실은 여러분도 경험상 잘 알고 있을 터이다.

또한 언어로 전달할 때도 비언어적 의사소통이 전달 내

용에 큰 영향을 준다. 같은 "고맙습니다"라는 말이라도 툭 내뱉듯 무뚝뚝한 태도로 말한다면, 그 말이 의미하는 '감사'의 마음을 느낄 수 없다. 이는 감정을 전달하는 의사소통에서 유명한 '메라비언의 법칙'이라는 심리학 법칙에서도 잘 드러난다. 미국의 심리학자 앨버트 메라비언Albert Mehrabian 박사가 "행위나 반감 등의 감정을 전달하는 의사소통에서 모순된 정보 전달이 이뤄졌을 때, 듣는 사람은 어떤 정보를 우선하는가?"를 검증해 보니, '언어 정보'를 우선하는 사람은 7퍼센트에 불과했고 '청각 정보'가 38퍼센트, '시각 정보'는 55퍼센트라는 결과를 얻었다. 비언어적 의사소통인 청각 정보와 시각 정보를 합치면 93퍼센트로, 압도적으로 많은 사람이 비언어적 의사소통을 우선하는 것으로 나타났다.

따라서 아무리 입으로는 "자신 있습니다"라고 해도 태도에서 자신감이 느껴지지 않는다면, 상대는 '말은 자신 있다고 하지만 실제로는 자신이 없구나'라고 판단할 가능성이 높다. 자신 있음에도 자신감 없어 보이는 행동으로 그런 오해를 받는다면 안타까운 일이 아닐 수 없다.

비언어적 의사소통의 강화도 중요하다

이처럼 비언어적 의사소통의 중요성을 이해하고, 자신을 드러내는 방식에 주의를 기울이는 것 역시 중요하다. 억지로 자신을 포장하거나 허세를 부리는 것은 좋지 않지만, 자신 없을 때는 자신감 있는 태도로 모양새만이라도 갖춰 보는 것이다. 모양새를 갖춘다고 하면 '알맹이는 없으면서 겉모습만 흉내 낸다'며 부정적으로 생각하기 쉬운데, 신뢰감을 줄 수 있는 몸짓과 행동, 표정과 시선 등을 항상 신경 쓰면 주위의 시선이 달라지고, 그런 주변 환경의 변화로 자연스레 자신감이 붙어 진정한 자신감으로 이어질 수 있다.

그동안 크게 의식하지 않았던 사람은 비언어적 의사소통을 강화하는 데 신경 써 보자.

• *non-verbal communication* •

자신감에도 관여하는 비언어적 의사소통

비언어적 의사소통에는 여러 가지가 있는데, 그 가운데 자신감에 관여하면서도 평소 의식하면 좋은 것들을 골라 보았다.

• 눈을 내리뜬다

앞서 말했듯이, 시선 처리는 중요하다. **눈을 내리뜬 사람은 자신감이 없어 보인다.** 예컨대 누군가 지원자를 모집할 때, 시선을 마주치는 사

람은 자신감이 느껴지지만 눈을 내리뜬 사람에게서는 자신감이 느껴지지 않는다. 대화할 때도 줄곧 아래로 시선이 가 있다면, 기껏 좋은 이야기를 해도 상대에게 충분히 전달되지 않을 수 있으니 주의하자.

• 얼굴을 가린다

입을 가리는 등 **얼굴을 가리는 행위는 마음을 드러내기 싫다는 뜻이**다. 코로나가 유행하기 전, 꽃가루 알레르기도 아닌데 마스크를 쓰는 젊은이들이 증가하면서 화제가 된 적이 있다. 이들은 마스크를 거추장스럽게 여기기보다 안정감을 주기 때문에 쓰는 내향적인 성격일 수 있다. 눈부신 햇빛도 없는데 선글라스를 쓰려고 하는 경우도 마찬가지다.

• 어깨가 말려 있다

이른바 **새우등은 자신감은 물론 기운도 없어 보인다.** 이런 자세는 목과 어깨를 뭉치게 해서 건강에도 나쁜 영향을 미친다. 몸과 마음은 서로 연결되어 있다. 몸에 기운이 없으면 마음도 기운이 없어 자신감이 줄어든다. 어깨가 말리면 의식적으로 어깨를 펴는 등 평소에도 자세를 바르게 개선하도록 노력하자.

• 손바닥을 감춘다

의외라고 생각할 수 있지만, **손바닥을 보여 준다는 것은 마음이 열려 있다는 뜻이다.** 손을 꼭 쥐고 있다면 감추고 싶은 일, 불안한 일이 있거나 자신감이 없는 것일 수 있다. 무의식적으로 자기 몸을 만져서 마음을 안정시키려 하는 것을 '자기 친밀 행동'이라고 하는데, 몸의 어딘가를 자주 만진다면 불안하거나 자신감이 부족한 것일 수 있다.

진짜 '나'를
당당하게 여기자

일상적인 나를 사랑하자

임포스터 증후군에 빠지는 사람은 자신을 과소평가하는 성향이기에, 이를 이겨 내기 위해서는 자신감을 가지는 것이 중요하다. 그렇다고 자신감 있는 척 허세를 부리면 과신이나 착각으로 끝날 수도 있다. 예를 들어, 흔치 않은 무대에 섰는데 긴장해서 잘 해낼 자신이 없을 때 '괜찮아. 난 할 수 있어'라며 스스로 자신을 다독이는 것이 효과적인 경우도 있지만, 일상에서는 '있는 그대로의 자신'이 자연스럽게 자신감을 가질 수 있도록 노력해야 한다.

편견은 진짜 나를 볼 수 없게 만든다

'본연의 나'란 힘을 뺀, 날것 그대로의 나를 뜻한다. 우리
는 대개 혼자 있을 때 가장 나다운 모습으로 있을 수 있다.

어떤 모습이 본연의 나인지 잘 모르겠다면, 혼자 있을 때
처럼 자신을 냉정하게 볼 수 있을 때 '이것이 본연의 나'라고
인식한 뒤 '누구와 함께 있을 때 본연의 나와 같은 모습으로
있을 수 있는가?' 혹은 '어디에 있을 때 힘을 뺀 내 모습으로
있을 수 있는가?'를 의식하면 점차 본연의 내 모습이 보이게
된다.

하지만 본연의 나를 아는 것은 의외로 어려운 일이다.
'나 자신을 잘 모르겠다'라고 하는 건 당연한 반응이다. 무
언가를 판단할 때 고정관념이나 경험과 같은 선입견으로 인
해 비합리적인 판단을 하는 것을 심리학 용어로 '인지 편향'
이라고 하는데, 우리는 선입견 때문에 편향된 판단을 내리
기 쉽다. '나는 내가 가장 잘 안다'라고 생각하는 사람도 있
지만, 의외로 그런 사람들 역시 '나는 이런 사람이다'라는
고정된 자기 이미지로 인해 자신을 객관적으로 보기 힘들
때가 많다. 자신도 모르는 자기 모습을 제삼자가 냉정하게
볼 수 있는 경우는 드물지 않으며, 자기 내면의 고정관념에
서 벗어나기도 쉽지 않다.

또한 편견에 사로잡힌 자신을 진짜 자신이라고 믿거나, 온갖 편견이 쌓이면서 진짜 내 모습이 보이지 않기도 한다. 내 주변에도 상대에 따라 전혀 다른 거짓말을 하면서 그걸 아무도 모르리라 생각하는 사람이 있었는데, 그 사람은 편견이 너무 심해 스스로도 자신을 잘 모르는 상태였다. 물론 진짜 나를 깨닫는 순간도 있겠지만 그것을 받아들이지 못하기도 하고, 이대로는 안 되겠다 싶으면서도 '사람들이 편견에 사로잡힌 나를 더 좋아한다'라거나 '진짜 나를 안 봐도 되니 편하다', '이런 나를 받아 주는 사람도 있다'라고 생각하면서 편한 쪽으로 도망쳐 버리기도 했다.

나와 마주하는 일은 중요하다

나는 직업상 나 자신과 마주하는 것을 좋아하고, 어떻게 해야 나를 제어할 수 있는지 곰곰이 생각하는 타입이다. 일반적으로 자신의 부족한 부분과 마주하는 것을 괴로워하는 사람이 많다. 물론 자신의 본질을 들여다보았을 때, 부족한 부분이 드러나는 것은 유쾌한 일이 아니다. 사람에 따라서는 자기혐오나 자기부정에 빠질 수도 있다.

더구나 다른 사람이 자신의 약점을 지적하면 인격을 부

정당하는 기분이 들 수 있다. 하지만 그것은 부정이 아니라 '조언'으로 받아들여야 한다고 생각한다.

요즘은 내 입맛에 맞는 정보만 찾아보게 되는 시대다. 자신을 되돌아보고 궤도를 수정할 기회는 감소하는 반면 괴롭힘 문제도 있어 타인을 지적하기가 어려운 세상이 되었다. 그런 상황에서 내 장점을 인정하면서도 "이렇게 하는 게 좋을 것 같아. 그래야 살기 편해"라고 말해 준다면 고마운 일이다. 물론 말투나 타이밍, 진심으로 나를 생각해서 하는 말인지에 따라 받아들이는 감정이 달라지겠지만, 내 약점을 알게 되는 건 분명 성장의 기회다. 이를 외면하지 않고 제대로 마주하고 개선해 나간다면 앞으로는 더 풍요로운 시간을 보낼 수 있을 것이다. 본연의 나는 나이를 먹고 경험을 쌓는 것만으로는 달라지기 어렵다. 어느 정도 자각하거나 인식하지 않으면 달라지지 않기에 늘 자신과 마주하도록 노력하자.

부정적인 것이 나쁜 것은 아니다

본연의 나를 되돌아봤을 때, 사람에 따라서는 부정적인 사고를 하는 자신을 발견하기도 한다. 부정적이라고 하면 안 좋게 인식하기 쉽지만, 나는 부정적인 것 자체가 나쁘다고는 생각하지 않는다.

인간의 감정을 플러스마이너스 제로의 평평한 상태를 기준으로 해서 그보다 마이너스인 사고방식이 디폴트이고, 늘 저공비행을 하는 경우 부정적이라 할 수 있는데, 본인에게는 그런 식의 사고가 마음 편할 수 있다. 매사를 부정적으로 보는 것은 신중파로 보일 수 있고, 기본이 저공비행이기에 감정 기복이 크지 않으며, 타인과 거리를 두기 때문에 타인의 감정에도 잘 흔들리지 않는 편이다. 이런 점은 장점이라 할 수 있다. 항상 부정적인 시각으로 보기 때문에 크게 상처받는 일도 없거니와 의외로 큰 부정적인 감정에 시달리는 일이 적을 수 있다. 그런 자신이라면 자신감을 가져도 좋다. 그런 자신을 인정하면서 '내 위치는 항상 여기야'라고 받아들일 수 있다면 부정적인 것도 괜찮지만, '이렇게 부정적이어서는 안 돼', '이렇게 어두운 모습은 안 돼'라는 생각에 거짓된 자신을 연기한다면 마음이 편치 않다. 스스로 자신을 인정하지 못하는 상태에서는 자신감도 가질 수 없기에 점점 지쳐서 자아를 잃고 만다.

부정적이라고 해서 그것을 부정할 필요는 없다. 수긍하고 받아들이면 된다. 있는 그대로의 나를 소중히 생각하자.

자신을 정확하게 판단하기는 쉽지 않다

자신을 과대평가하는 '더닝 크루거 효과'

임포스터 증후군에 빠진 사람은 자신을 과소평가하지만, 반대로 능력이 부족한 사람이 자신을 과대평가하는 '더닝 크루거 효과Dunning–Kruger effect'라는 심리 현상도 있다.

더닝 크루거 효과는 미국 코넬 대학교의 데이비드 더닝David Dunning 박사와 저스틴 크루거Justin Kruger 박사의 연구에서 명명한 인지 편향의 일종이다. 이들은 학생들에게 '유머 감각', '영문법', '논리적 추론'을 테스트한 뒤 본인의 순위를 예상하게 한 결과, 능력이 높은 학생은 실제 순위보다 낮게 평가한 반면 능력이 낮은 학생은 실제 순위보다 높게 평가하는 현상이 나타났다. 이로써 '능력이 낮은 사람은 자신의 능력 부족을 인식하지 못할뿐더러 타인의 능력도 올바르게 인식하지 못해 과대평가'하는 반면 '능력이 높은 사람은 타인을 과대평가하기 때문에 자신을 잘못 평가'한다는 사실을 알 수 있었다.

실제 능력보다 자신이 뛰어나다고 착각하면 주변 의견을 받아들이지 않고, 노력을 게을리하며, 어려움에 직면해 자신의 무능함을 깨달았을 때는 어찌할 바를 몰라 아무것도 하지 못한다. 자신을 과대평가하면 항상 자신감이 있으니 부정적인 측면만 있는 것은 아니지만, 역시 자기 능력은 적절히 평가하는 것이 바람직하다.

능력이 좋든 나쁘든 스스로 그 능력대로 평가하기 힘들다는 것은 자기 능력을 제대로 판단하는 일이 얼마나 어려운지를 보여 준다. 되도록 정확한 판단을 내리기 위해서는 자신을 객관적으로 보는 눈을 길러야 한다. 평소에 한 발짝 물러서서 자신을 객관적으로 바라볼 수 있도록 노력하자.

• summary •

지금까지 살펴본 내용을 짧게 정리해 보자

자신감을 가지기 위해서는 '자존감'을 높이고, '자립과 자율'을 촉진하며, '자기 효능감'을 높여야 한다. 또한 자신감은 몸짓으로도 드러나니 비언어적 의사소통을 강화하는 일도 잊지 말자. 자신을 정확하게 평가하기란 어려운 일이지만, 있는 그대로의 내가 자연스레 자신감을 가질 수 있도록 자신과 마주하는 것도 잊지 말자.

Chapter 3

내 마음을 지키는
자기 긍정감의 마법

임포스터 증후군을 이겨 내기 위해서는
자기 긍정감을 높여야 한다. 자신감이 붙으면
자기 긍정감도 자연스레 높아지는데,
여기서는 심리학적인 방법과 함께 자기 긍정감을
높이는 더 구체적인 방법에 관해 소개하고자 한다.

나만의
마음의 안식처를 가지자

안식처는 자신의 존재를 확인할 수 있는 곳

자기 긍정감을 높이기 위해 가장 먼저 하고 싶은 말은 '안식처의 존재'가 중요하다는 것이다. '매슬로의 욕구 5단계 이론'을 설명할 때도 언급한 바 있지만, 안식처는 마음의 버팀목이기도 하다.

심리학 용어에 '심리적 안정감'이라는 말이 있는데, 마음의 안식처가 되는 관계나 안정감이 있는 환경에서 느끼는 감정을 뜻한다. 이처럼 마음의 안식처는 자신의 존재를 확인할 수 있는 장소이며, 이곳처럼 우호적인 관계가 구축된 안심할 수 있는 환경에서는 '나답게 있을 수 있다', '모두 나를 받아들여 준다', '제구실을 해내고 있다'와 같은 긍정적인 감정을 느낄 수 있다.

안식처가 없다면 마음은 지쳐 간다

안식처가 없으면 마음이 편안해질 새가 없어 정신 건강에도 악영향을 미친다. 이를테면 자신이 생각하는 능력보다 높은 평가를 받아 늘 아등바등해야 하는 환경에서 일하고 있다면, 직장에서는 완전히 녹초가 돼버린다. 충분히 임포스터 증후군에 빠질 만한 환경이지만, 회사를 벗어났을 때 진심으로 안심할 수 있는 가족이나 파트너가 있고, 편히 쉴 수 있다면 긴장된 마음을 풀어 줄 수 있다.

그런데 줄곧 긴장해야 하는 업무에서 벗어나도 냉랭한 관계의 가족이 기다리는 집으로 돌아갈 수밖에 없고, 사소한 일에도 불평을 들어야 하는 일상이라면 한숨 돌릴 곳이 어디에도 없다. 그러면 몸도 마음도 편히 쉬지 못한다.

그래도 자신을 기꺼이 받아 주는 '단골 가게'처럼 어딘가에 마음 편한 곳이 있다면 회복할 여지가 남아 있지만, '어디에도 안식처가 없다'면 마음은 갈수록 피폐해진다.

매슬로의 욕구 5단계 이론에서도 자신의 안식처를 찾는 것이 포함된 '소속과 애정 욕구'는 생리적 욕구, 안전 욕구 다음에 오는 욕구이다. 어느 정도 안전하게 생활할 수 있다면 인간은 안식처를 원한다.

자기 노출을 해서 신뢰 관계를 형성하자

어디에도 안식처가 없다면, 마음이 안정되지 않아서 낮아진 자기 긍정감을 높이기 어렵다. 자신감이 부족하거나 스스로 자신을 인정하지 못하는 사람은 먼저 자신의 안식처가 어디에 있는지 생각해 보자. 만일 어디에도 안식처가 없다면 '나에게 있어 편안함과 안정감'이란 무엇인지 확인해 본다. 안식처가 없는 사람에게는 안식처를 찾는 일이 어려울 수 있지만, 어렵다면 의식적으로 편안한 환경을 조성해 보도록 하자.

안식처를 만드는 데 필요한 것은 무엇이든 이야기할 수 있는 신뢰 관계를 구축하는 일이다. 이를 위해서는 자신을 노출하는 것이 중요하다. 자신을 있는 그대로 노출하는 것을 심리학 용어로 '자기 노출'이라고 하는데, 개인적인 일이나 자신의 감정, 의견 등을 이야기하는 것은 상대를 신뢰하기에 가능한 일이다. 자기 노출을 하면 상대는 친근감을 느낀다. 그리고 상대방도 마찬가지로 자기 노출을 하면서 서로에 대한 이해가 깊어지고 신뢰 관계가 쌓여 간다.

마음이 지친 상태에서 처음부터 신뢰 관계를 쌓으려고 하면 오히려 더 피곤해지므로, 가능하면 평소에 컨디션이 괜찮을 때 이런저런 이야기를 나눌 수 있는 인간관계를 구축해 두는 것이 바람직하다.

신뢰할 수 있는 사람이 없다면 상담사를 찾자

신뢰할 만한 사람이 없는 사람도 있다. 스스로 벽을 만들고 있을 수도 있으니, 정말 신뢰할 만한 사람이 없는지 한 발짝 물러서서 자신을 객관적으로 바라보자. 그런데 냉정하게 생각해 봐도 믿을만한 사람이 없는 경우도 있다.

상대를 선택하는 것은 중요한 일이다. 자기 노출을 하고 약점까지 드러내면 상대와의 거리는 좁아질 수 있지만, 믿을만한 상대가 아니라면 상처만 남는다.

환경 자체가 좋은 사람을 만나기 힘든 경우도 있고, 성격상 의심이 많거나 과거에 배신당한 경험이 있다면 믿을만한 사람을 식별하기 어려울 수도 있다.

따라서 신뢰할 만한 사람이 주위에 없다면 억지로 신뢰 관계를 쌓으려 하지 말고 상담사 등 전문가의 도움을 받는 것도 한 방법이다.

지금 국내에서는 정신 건강 문제에 대해 충분한 예방책이 마련돼 있다고 말하기는 어려운 상황이다. 문제가 발생한 뒤에 대처하는 것이 일반적이지만, 개인적으로 예방을 위해 상담사를 활용하는 방법이 더 널리 보급되었으면 한다.

내 상담실에 오는 내담자들은 예방 차원에서 오는 사람도 많고, 구체적으로 개선하고 싶은 문제가 없어도 마음 상태를 가다듬기 위해 부담 없이 찾아온다. 그러면 내담자의 기분도 한결 개운해질 뿐만 아니라 상담사가 내담자의 평상시 상태를 쉽게 파악할 수 있으므로, 문제가 생겼을 때 평상시 상태와 무엇이 다른지도 쉽게 파악해 더 효과적인 상담으로 이어진다는 장점이 있다.

국내에서는 상담받는 일에 큰 부담을 느끼는 사람이 많지만, 서구권에서는 심리 상담을 부담 없이 받을 수 있을 만큼 널리 보급되어 있어, 특별한 일이 아니라고 느낀다. 어디에도 안식처가 없고 상담할 수 있는 상대나 안심할 수 있는 환경을 찾지 못했다면 주치의를 찾는다는 생각으로 본인과 잘 맞는 상담사를 만나 상담을 받아 보는 것도 좋다.

물론 마음의 병이 생긴 뒤에 상담을 받아도 상관없지만,

그러면 회복이 더딜 수 있다. 어떤 문제든 빨리 대처하면 그만큼 빨리 해결될 때가 많은데, 마음의 문제도 마찬가지다. 내 안식처를 찾지 못해 기분이 울적하다면, 안전한 환경에서 부담 없이 상담받을 수 있는 전문가의 힘을 빌리는 것도 한 가지 방법이다.

혼자 있는 걸 좋아하더라도 믿을만한 사람을 만들자

인간관계는 아무래도 번거로운 측면이 있어서 '혼자 있기를 좋아하는' 사람이 많다. 나 역시 혼자 있는 걸 좋아하지만, 한편으로 사람은 혼자서 살아갈 수 없다고 생각한다.

혼자 있고 싶지만 외롭기도 한 모순된 기분을 느끼는 사람이 많은 듯하다. 그런 감정이 전혀 이상한 것은 아니지만, 아무리 혼자가 좋고 번거롭다고 해서 사람을 멀리하는 건 현명한 선택이 아니다. '이 사람하고 있으면 마음이 놓인다'고 느낄 수 있는 사람을 찾아 두는 편이 좋다. 그런 '인적人的 안식처' 같은 존재를 소중히 한다면 마음의 안정을 찾을 수 있고 자기 긍정감도 높아진다. 그것이 가족이나 연인, 친구라면 더할 나위 없겠지만, 그렇지 않다면 상담사를 활용하는 방법도 고려해 보자.

응어리진 마음을 풀어 주는
심리학적 방법

자기 긍정감을 높이는 심리학적 방법

여기서는 응어리진 마음을 푸는 데 효과적이며, 내가 세미나 등에서 자주 다루는 심리학적 방법 세 가지를 소개하려고 한다. 그건 바로 1. 인생 각본의 재검토 2. 리프레이밍 3. 메타인지 제어다. 모든 사람에게 효과 있는 자기 긍정감을 극적으로 높이는 방법은 존재하지 않는다. 자신에게 맞는 방법으로 꾸준히 노력하는 것이 가장 빠른 길이다. 한번 시도해 본다는 기분으로 다음 세 가지를 실천해 보자.

인생 각본의 재검토

• 어린 시절에 작성하는 인생 각본

1950년대에 미국의 정신과 의사 에릭 번Eric Berne 박사는 타인과 교류할 때의 사고나 행동, 감정 경향을 파악해 자신에 대한 이해도를 높이고 인간관계에서 생기는 문제를 해결하기 위해 '교류 분석'을 제안했다. 교류 분석은 심리학 이론이자 이를 응용한 심리치료이기도 한데, 현재는 정신 건강 분야뿐 아니라 다양한 분야에서 활용되고 있다.

이 교류 분석의 기본 이론 중 하나로 '각본 분석'이라는 것이 있다. 인생에는 드라마처럼 각본이 있으며, 인간은 무의식적으로 그 각본에 따라 역할을 연기하며 살아가는 경향이 있으므로, 이를 분석해 개선하는 것이 목적이다.

우리는 타인과의 소통을 통해 새로운 가치관을 얻을 수 있다. 또한 타인의 감정을 접함으로써 내 안에 싹트는 감정을 알게 되기도 한다. 행복감에 웃음 지으며 기쁨이라는 감정을 느끼기도 하고, 눈물을 흘리는 자신을 발견하며 슬픔이라는 감정을 느끼기도 한다.

이처럼 우리는 소통을 통해 다양한 감정 체험을 경험해 가는데, 우리의 가치관 속에는 어린 시절의 감정 체험이 자신도 모르게 각인되고 패턴화된다. 그리고 무의식중에 그

패턴화된 감각을 기반으로 시나리오를 작성해 '시나리오대로 살아간다' 혹은 '살아가야 한다'라는 계획을 도출한다.

이 시나리오를 '인생 각본'이라고 한다. 인생 각본은 누구나 작성하는 것이며, 대개는 어린 시절 부모에게서 받은 메시지에 의해 구축되고, 이후의 삶에서 사고와 행동에 영향을 주는 것으로 보인다.

• 인생 각본을 작성하면서 고정관념이 각인된다

인생 각본은 '태어나고 자란 환경에 따라 형성되는 가치관'이라고 볼 수 있는데, 그런 인생 각본대로 살아가는 것이 때로는 '자신을 속이고 착각하며 살아가는 것'처럼 보이기도 한다.

한 가지 예를 들어 보자. 불합리한 일이 생겼을 때 여러분 주변에도 다음과 같이 생각하는 사람이 있지 않을까?

역시 내가 한심하고 못나서 이런 일이 일어난 거야…

냉정하게 생각해 보면 '한심한 사람에게 불합리한 일이 닥친다'라는 말에는 인과관계가 성립되지 않는다. 그런데도 그런 착각을 하는 사람이 있는 이유는 그 사람이 '한심한 나에게는 불합리한 일이 닥친다'라는 인생 각본을 써 두었고, 그 믿음이 자신에게 각인되었기 때문이다.

인생 각본을 써 내려가는 과정은 사람마다 다르다. 전부 다 그렇다고 단정 지을 수는 없지만, 예를 들어 다음과 같은 에피소드가 반복되고 패턴화되면 '한심한 나에게는 불합리한 일이 닥친다'라는 인생 각본이 쓰일 수 있다.

어린 시절, 친구가 이유 없이 괴롭혀 큰 충격을 받았다. 상처받은 마음을 달래고 함께 분노해 주기를 기대하며 부모님께 말씀드렸더니, 부모님은 "그런 일로 끙끙대면 안 돼. 더 강해져야지. 애초에 한심하게 구니까 그런 일을 당하는 거야!"라며 위로는커녕 야단만 쳤다.

이러한 고정관념이 각인되면 이와 비슷한 상황에서 그 고정관념에 따라 생각하고 행동하며, 자기 혼자 이해하고 넘어간다. 고정관념에 따라 사는 것이 당연하다고 인식하면서 어떤 안도감을 느끼는 것이다.

또한 이런 인생 각본의 기저에는 '~해서는 안 된다', '~해야만 한다'와 같은 명령을 의미하는 금지령이 각인돼 있다. 이 금지령은 말뿐만 아니라 태도나 표정, 몸짓 같은 비언어적 의사소통을 통해서도 각인된다. 말로 직접적으로 "안 돼"라고 금지하는 것뿐 아니라 비언어적으로 금지하는 메시지도 고정관념을 발생시키는 원인이 되는 것이다.

• 고정관념은 스스로 깨닫기 힘들다

각인된 고정관념은 스스로 깨닫기는 힘들지만, 대부분의 사람들은 무의식중에 자신이 작성한 인생 각본에 따라 생각하고 행동한다. 여러분도 평소에는 의식하지 않더라도 자기 내면과 마주한 순간에는 '이래야 한다'라는 고정관념의 존재를 깨닫게 될 것이다.

그런 고정관념은 고민의 원인이 되기도 한다. 한창 일할 나이인 30대 초반의 사람이 겪는 고민을 살펴보자.

서른을 넘기면서 직장에서 신망도 두터워지고 나름 충실한 나날을 보내고 있다. 하지만 입사 동기 중에는 나보다 더 출세한 사람도 있고, 똑같이 바쁘게 살아가는 친구 중에는 결혼해서 아이가 있는 사람도 있다. 그런 모습을 보면 '이렇게 살아도 되는 걸까…' 하는 조바심이 들어 고민이다.

이런 고민을 하는 것이 그리 이례적인 일은 아니다. 30대로 접어들면 앞으로의 인생에 대해 고민도 해야 할 테니, 이런 고민이 유별나다고 생각하는 사람은 별로 없을 듯하다.

그러나 이런 고민을 하는 이유는 '서른이 넘으면 이래야 한다'는 고정관념이 있기 때문이다.

물론 출세하는 건 좋은 일이다. 하지만 출세만이 인생의 전부는 아니다. 지금은 다양성을 중시하는 시대다. 결혼하지 않고 혼자 사는 길을 선택하는 사람도 있다. 그런 삶을 부정할 수는 없다. 대다수가 머리로는 그렇게 이해한다. 그럼에도 고민하게 되는 이유는 이를테면 다음과 같은 고정관념이 각인된 탓이다.

집단 속에서는 돋보여야 한다.
직장에서는 승진해서 높은 자리에 올라야 한다.
어서 가정을 꾸려야 한다.

- **인생 각본은 다시 쓸 수 있다**

이처럼 '이래야만 한다'라며 스스로 굳게 믿는 바가 있다면, 어느새 인생 각본을 써 내려간 것이라 볼 수 있다. 하지만 인생 각본은 한 번 쓰면 지울 수 없는 것이 아니라 다시 쓸 수 있다. 방금 든 예로 설명하자면, 다음과 같이 인생 각본을 다시 쓴다면 고민거리도 사라진다.

개인적인 것을 희생하면서까지 출세하기보다는 나답게

사는 게 좋다. 꼭 남보다 출세해야 하는 건 아니다.

친구들이 결혼했다고 해서 꼭 결혼해야 하는 건 아니다. 나이와 상관없이 정말 결혼하고 싶은 사람이 나타났을 때 결혼하면 된다.

이는 하나의 예시이지만, 인생 각본을 다시 쓸 수 있다면 이전보다 조금 더 편하게 살아갈 수 있다.

• 고정관념이 작동하고 있음을 깨닫자

자기 내면에 엉겨 붙은 인생 각본을 다시 쓰기란 쉬운 일이 아니다. 그러나 고정관념이 작동하고 있음을 깨달으면 다시 쓸 수 있다. 따라서 먼저 고민의 원인이 된 고정관념의 존재를 깨닫는 것이 중요하다. 살면서 벽에 부딪힌 경험을 예로 들어 보겠다.

이러면 또 같은 일을 되풀이하는 거야…
이러니까 인간관계가 잘 안 풀리는 거야…

많은 사람이 이런 감정을 느낀 적이 있을 것이다. 거기서 멈춰 서서 생각하지 않고 그냥 넘어가는 경우가 대부분일 텐데, 그 벽이 왜 생겨난 것인지 잘 생각해 보자. 그러면 내 안에 고정관념이 존재하고, 그로 인해 벽에 부딪힌 것임을 알 수 있을 것이다.

특히 임포스터 증후군과 같은 부정적인 심리 상태인 사람은 다시 한번 자신을 객관적으로 되돌아보자. 어쩌면 부모의 엄격한 훈육 탓에 스스로 자신을 옭아매는 부분이 있을지 모른다. 짚이는 점이 있다면 그것이 정말 지켜야 하는 것인지 자문해 보고, 만일 불필요한 고정관념이 작동하고 있음을 깨달았다면 그 부분을 고쳐 나가도록 노력해 보자.

물론 전부 다시 쓸 필요는 없다. 이를테면 엄격한 예절 교육을 받아 '다른 사람에게 예의 바르게 행동해야 한다'라고 생각한다면, 그것은 각인된 고정관념일 수 있지만 '엄격한 훈육 덕분에 예의 바른 태도가 몸에 배서 내 장점이 됐다'라고 긍정적으로 받아들일 수도 있다. 그런 긍정적인 부분까지 다시 쓸 필요는 없다. '무엇이 나를 옭아매고 있는가?'를 생각하면서, 정말 그 껍질에서 벗어나고 싶은데 내 안의 고정관념이 짓누르는 탓에 본래 가고자 하는 방향으로 가지 못하고 있음을 깨달았다면, 그 부분을 다시 써 내려가자.

인생 각본을 제대로 다시 써 내려갈 수 있고 스스로 수긍할 만하다면, 자연스레 자신감이 생길 뿐 아니라 자기 긍정감도 높아진다.

리프레이밍

• 다른 틀에서 상황을 바라보는 리프레이밍

'리프레이밍Reframing'은 어떤 사물이나 상황을 현재의 틀에서 벗어나 다른 틀로 바라보는 것을 뜻한다. 원래 문제를 가진 당사자뿐 아니라 그 가족 전체에 접근하는 '가족 치료'에서 비롯된 용어인데, 심리 상담에서 자주 쓰이는 기법이다. 이를테면 어떤 실패를 했을 때 낙담한 경험은 누구나 한 번쯤은 있다. 성공하고 싶은 마음이 강하면 강할수록 실패했을 때의 실망감도 크고 오래 간다.

하지만 그런 우울한 기분이 드는 이유는 실패를 '안 좋은 일, 피해야 할 일'이라는 틀에서 바라보기 때문이다. 그 틀에서 벗어나 '다음에 성공하기 위한 좋은 경험'이라는 틀에서 바라보면 같은 실패라도 다르게 받아들일 수 있다.

모든 일에는 양면성이 있다. 단점으로 생각하던 것도 관점을 달리하면 장점이 될 수 있다. 예컨대 남보다 결정이 느려서 스스로 '우유부단'하다고 단점으로 느끼는 부분이 때에 따라서는 '신중함'이라는 장점이 될 수도 있다. 매사 유연한 사고를 하며 다각적으로 바라볼 수 있도록 평소에 리프레이밍을 의식하도록 하자. 생각 하나로 부정적인 일도 긍정적으로 바라볼 수 있는 법이다.

- 다른 각도에서 사물을 바라보는 리프레이밍

【예】 실패했을 때 인식하는 방식

부정적인 틀로 인식하기

- 실패하다니 최악이야…
- 대체 무슨 짓을 한 거야…
- 절대 실패해서는 안 됐어…
- 왜 실패했을까… 등등.

이 틀을 벗어던지고   다른 틀로 인식하기

- 이 실패를 다음번에 활용할 수 있어!
- 더 큰 실패가 아니어서 다행이야!
- 실패한 뒤의 행동이 인간을 성장시키는 법!
- 초반에 실패했으니 아직 만회할 수 있어! 등등.

- 우울할 때는 의식적으로 리프레이밍을 해 보자

리프레이밍을 하는 데 특별한 기술이 필요한 것은 아니다. 리프레이밍이 효과를 발휘할 때는 마음이 불안하거나 시야가 좁아졌을 때이다. 따라서 그 타이밍을 빨리 알아차리는 것이 포인트다. 마음이 불안하거나 앞에 벽이 있는 것처럼 느껴질 때는 좁은 시야에 갇혀 있지는 않은지 스스로

에게 물어보자. 짚이는 바가 있다면 의식적으로 리프레이밍을 해 보자. 불쾌한 일이나 부정적인 감정이 들끓는 사이에 자연스레 관점이 바뀌기도 하니 반드시 의식해야 할 필요는 없다. 하지만 의식적으로 리프레이밍을 하면 그만큼 빨리 마음이 편안해질 수 있다.

또한 마음이 부정적일 때 타인과 소통하다 보면 관점이 바뀌고 리프레이밍으로 이어지는 경우가 많다. 따라서 다른 사람과 이야기해 보는 것도 좋은 방법이다. 실제로 심리 상담에서는 상담사가 내담자의 이야기를 들어주면서 리프레이밍으로 이어지는 대화를 진행하기에, 내담자가 의식하지 못하는 사이에 자연스레 리프레이밍이 이뤄지는 예도 많다.

어찌 됐든 우울할 때 아무리 누가 위로해 줘도 스스로 감정을 정리하지 못하면 우울함에서 벗어나지 못하듯, 리프레이밍도 스스로 다른 틀에서 바라볼 수 있어야 긍정적인 마음을 가질 수 있다. 어디까지나 주체는 나 자신이다. 마음이 울적할 때는 의식적으로 리프레이밍을 시도해 보자.

• **일상생활에서 리프레이밍 효과를 볼 수 있는 세 가지 사례**

나 역시 하루하루 살다 보면 마음이 불안하고 초조할 때가 있다. 그럴 때는 종종 시야가 좁아지고 나에게 확신이 서지 않기 때문에, 나와 마주하고 나를 믿게 된 다음에 관점을 바꾸기 위한 리프레이밍을 시도한다. 개인적으로 리프레이밍 효과를 본 세 가지 사례를 소개하겠다.

【1】 리프레이밍으로 연결되기 쉬운 좋아하는 일 하기

자신이 좋아하는 일을 하다 보면 관점이 바뀌는 경우가 종종 있다. 최근 내가 리프레이밍 효과를 본 방법은 유튜브에서 어린아이와 강아지 영상을 보는 것이다.

정말 좋아하는 어린아이와 강아지 영상이 몇 개 있는데, 그런 사랑스러운 영상을 보고 있으면 정말 힐링이 된다. 어릴 때는 성장 속도가 빨라서 한 달 한 달 어찌나 쑥쑥 자라는지 '참 많이 컸네…' 하고 조카 보는 기분으로 영상을 봤었는데 그럴 때마다 자연스레 웃음 짓게 된다. 또 무언가 열심히 하는 모습을 보면 '다들 참 열심히 사는구나…'라는 생각도 든다. 그렇게 시청하다 보면 고민하던 것들이 말끔히 사라지면서 기분이 누그러지고 안도감이 밀려온다.

나, 지금 웃었네. 아직 씩씩한 걸.

이런 감정을 느끼면 마음에 여유가 생겨 '지금 너무 과몰입하는 것 같아. 조금 관점을 달리해 보자'라는 생각이 들고 의식이 바뀌기 시작한다.

영상 시청 외에 좋아하는 아이템을 사용하는 것도 리프레이밍 효과가 있다. 나는 세이지라는 허브를 좋아하는데, 세이지를 태우면서 불꽃이 타오르는 모습을 멍하니 바라보고 있으면 나쁜 것이 타들어 가는 느낌이 든다. 기분에 따라 향을 피우기도 하는데, 연기가 너울대는 모습을 한없이 바라보노라면 그것만으로도 뭔가 정화되는 느낌이다. 그러다 보면 어느 순간 '좀 괜찮아졌다' 싶은 기분이 들고 마음이 진정되면서 자연스레 시야가 넓어져 관점이 바뀐다.

이는 어디까지나 나만의 사례에 불과하다. 하지만 나처럼 마음 속에 긍정적인 것을 투입하다 보면 응어리진 기분이 풀리고, 그것이 리프레이밍으로 이어질 수 있다. 여러분도 자신이 좋아하는 것으로 시도해 보자.

【2】 물리적 시야 넓히기

나와 마주했을 때 '시야가 좁아졌다'고 느끼면, 물리적인 시야를 넓히려고 노력한다. 구체적으로는 몸을 조금 뒤로 젖혀서 시야를 넓힌다. TV든 컴퓨터 화면이든 서류나 책이든 상관없다. 늘 보던 거리에서 보는 것보다 조금 떨어져서 보면 보는 방식이 달라진다.

줄곧 가까이 있는 것만 보다가 멀리 내다봤을 때 시야가 트이고 신선함을 느꼈던 경험은 많은 사람이 해봤을 터이다.

이처럼 글자 그대로 '보는 방식'이 바뀌면 '다른 관점에서 보지 못했구나'라는 것을 깨달아 마음의 시야를 넓힐 수 있다.

【3】 다른 사람과 대화하기

타인과의 소통이 리프레이밍에 효과적이라는 사실은 앞서 언급한 바 있다. 대화를 계기로 응어리진 감정이 풀리는 경우는 제법 많다. 여러분도 고민이 있거나 울적할 때 누군가와 이야기를 나누다 보면 시야가 확 트이면서 기분이 가벼워지고 긍정적으로 바뀐 경험이 있을 것이다.

나 또한 다른 사람과 대화하는 것이 리프레이밍으로 이어질 때가 많다. 내 시야가 좁아졌다고 느낄 때 마음에 걸리는 문제에 대해 유용한 조언을 해줄 만한 친구에게 연락하곤 한다. 그렇다고 꼭 고민거리를 상담하는 것은 아니다. 그냥 잡담으로 끝날 때도 있다. 하지만 믿을 수 있는 친구와 즐겁게 대화를 나누다 보면 응어리진 것이 사라지면서 자연스레 기분이 나아지고 관점도 달라진다. 때로는 고민하는 문제에 대해 구체적으로 털어놓고 적절한 조언을 받으며 새로운 관점을 얻기도 한다.

• 사실은 사실로 받아들인 뒤 리프레이밍한다

이처럼 리프레이밍을 통해 사물을 보는 관점을 바꿀 수

있다면 부정적으로 느끼던 것을 긍정적으로 변화시킬 수 있다. 유연한 발상으로 리프레이밍을 적극적으로 하되, 한 가지 주의할 점이 있다.

'사실은 사실로 인정하고 받아들인 다음에 리프레이밍'을 하는 것이다. 불쾌하고 불편한 것을 외면하는 것은 다른 틀로 사물을 바라보는 것이라 할 수 없다. 이를테면 업무에

자신감 부족을 리프레이밍해 보자

자신감이 없을 때 어떻게 리프레이밍할 수 있는지 예를 들어 보겠다. 이를 참고삼아 자기 나름의 리프레이밍을 시도해 보자.

부정적인 틀을 바꿔 보자

【예】 자신감 부족을 인식하는 방식

· 매사 그만큼 성실하다는 증거
· 일을 신중하게 처리하기 때문에 실수가 적다
· 덕분에 불안한 사람의 마음을 헤아릴 수 있다
· 근거 없는 자신감보다는 훨씬 낫다
· 잘하려는 욕심이 커서 자신감이 없는 것이다
· 자신감이 없음에도 열심히 한다
· 자신감이 생기면 더 근사한 내가 될 수 있다
· 예전에는 지금보다 훨씬 더 자신감이 없었다
· 언젠가 자신감 있는 내가 지금을 되돌아볼 것이다 등등.

서 명백한 실수를 했음에도 '이런 건 실수라고 할 수 없어'라고 생각하는 건 사실을 왜곡할 뿐이다. 그런 억지스러운 관점으로 본들 개운치 않은 응어리만 남는다. 사실은 사실로 받아들이고 난 뒤 긍정적으로 바라볼 수 있어야 자신감도 생기고, 한 인간으로서의 성장도 기대할 수 있다.

리프레이밍을 통해 사물의 틀을 바꾸는 것은 인생에서 선택의 폭을 넓히는 일이기도 하다. 사물을 긍정적으로 바라보면 자신감이 생기고 자기 긍정감도 높일 수 있다. 어떤 문제에 부딪히면 의식적으로 리프레이밍을 시도해 보자.

메타인지 제어

• 자신의 인지 방식을 인지하는 '메타인지'

여러분도 '메타meta'라는 말을 자주 들어 보았을 것이다. 최근 심심찮게 들리는 메타라는 단어는 원래 그리스어에서 유래한 접두어로, '고차원의', '초월한'이라는 의미가 있다. '메타픽션Metafiction', '메타버스Metaverse', '메타분석Meta-analysis'과 같이 '메타○○'라는 형태로 사용되며, 심리학에도 '메타인지Metacognition'라는 개념이 있다.

메타인지는 쉽게 말해서 '자신의 인지 방식을 인지하는

것'을 뜻한다. 우리는 지각, 감정, 기억, 사고 등 다양한 인지 활동을 하며 살아가는데, 그런 인지 활동을 객관적으로 파악하는 것을 메타인지라고 한다. 감이 잘 오지 않는 사람도 있겠지만, 사실 메타인지는 일상적으로 이뤄지고 있다.

예를 들어, 일을 하다 보면 어떤 문제가 발생할 때가 있다. 이때 '이 문제에 대해 잘 알고 있어' 또는 '이 문제의 본질을 파악하지 못했으니 더 공부해야겠어'라고 생각한 적이 있을 것이다. 이것이 바로 메타인지다. 먼저 일련의 업무 흐름과 직면한 문제를 인지한 뒤, 그 인지에 대해 '제대로 대응할 수 있는 일' 혹은 '누군가의 도움을 받아야 할 일'이라고 인지하는 것, 즉 '인지 방식을 인지'하는 것이 메타인지다.

메타인지 개념은 오래전부터 존재했는데, 1970년대에 미국 심리학자 존 H. 플라벨John. H. Flavell 박사가 메타인지라는 용어로 정의하면서 폭넓은 연구가 이루어졌다. 현재는 비즈니스 분야에서도 주목받고 있으며, 인재 양성을 위해 활용하는 예도 적지 않다.

• 또 다른 나와 대화하는 '메타인지 제어'

자신이 주관적으로 인지하는 것을 어떻게 인지하는지 객관적으로 파악하며 평가하는 것은 의식하지 않아도 자연스럽게 이뤄진다. 이처럼 자연스럽게 인지하는 것뿐 아니라 자신의 주관적 인지를 객관적인 관점에서 조정하고 제어하는 것을 '메타인지 제어'라고 한다.

이런 경험을 한 적이 있는지 스스로 질문해 보자.

내가 하는 일을 냉정한 내가 객관적으로 바라보고 있다.

주관적 나와는 별개의 또 다른 객관적 나가 존재하고, 주관적 나를 보고 있는 모습이 머릿속에 그려지는 상황이다. 어떤 상황인지 짐작 가는 사람이 적지 않을 것이다. 여기서 한 걸음 더 나아가 또 다른 냉정한 나가 객관적으로 나를 관찰할 뿐 아니라, 말을 건네며 주관적인 나의 말과 행동을 제어하는 것이 바로 메타인지 제어다. 픽션 세계에서는 내 안의 천사와 악마가 상상 속에서 대화를 나누는 연출을 하기도 하는데, 바로 그런 이미지다.

메타인지 제어가 가능한 사람은 자신을 냉정하게 객관적으로 바라볼 수 있어서, 편견이나 감정에 휘둘려 행동하는 것을 피할 수 있다. 냉정하고 차분한 상태의 내가 나를 제어하기 쉬워지면 자신을 믿게 되고, 자기 긍정감을 높이는 데도 도움이 된다.

• 메타인지 제어는 훈련하면 누구나 할 수 있다

다른 인격의 자신과 대화하다니 '그게 뭐야?' 싶은 사람도 있을 듯하다. 또는 '나와는 상관없는 일'이라고 생각하는 사람도 있을 것 같다. 하지만 메타인지 제어는 훈련만 하면 누구나 할 수 있다. '지도 읽기'처럼 '공간 인지능력'이 상당히 필요하기에 남성이 더 능숙한 편이지만, 방법은 간단하다. 다음 두 단계만 거치면 되니 꼭 한번 시도해 보자.

【1】다른 인격의 나를 상상하기

우선 다른 인격의 나를 상상해 보자. 이를테면 기분이 가라앉아 '여유가 없는 자신'이 있다면 그런 내가 아닌 '듬직하고 믿음직한 자신'이라는 다른 인격의 나를 떠올려 본다. 떠올리는 위치는 어디든 상관없다. 나는 항상 오른쪽 위에 다른 인격의 내가 있는데, 왼쪽 위나 뒤쪽 혹은 정면 어디든 다른 인격의 나를 상상할 수 있으면 된다.

【2】다른 인격의 나를 바라보기

상상했다면 그 다른 인격의 나를 바라보자. 지금의 나와 분리된 다른 인격의 나를 느낄 수 있다면 자연스럽게 대화할 수 있다. 참고로, 이는 사물을 조망하는 것과는 다르다. 나를 객관적으로 바라보더라도 '전혀 다른 관점에서 보면 이렇구나'라고 생각하는 건 단순히 사물을 조망하는 것이다. 메타인지 제어는 바로 옆에 또 다른 내가 있고, 정확한 조언을 해 준다는 느낌이 들어야 한다.

- **나를 지탱하는 또 다른 나는 가장 강력한 아군**

나는 메타인지 제어를 좋아해서 자주 하는 편이다. 그래서 내 방식을 구체적인 사례로 소개할 테니 머릿속에 한번 따라 그려 보자.

다른 인격의 나는 거인인 나

다른 인격의 나는 거대한 거인의 모습이고, 작은 정원 안에 있는 나를 지켜보는 듯한 느낌이다. 그래서 어떻게 해야 하나 막막할 때 이런 식으로 말을 건네 길을 알려준다.

그쪽이 아니야, 왜 직진하는 거야.
왼쪽으로 돌아 가.

마음을 안정시키기 위해 의식적으로 메타인지를 제어한다

골치 아프고 힘든 일들이 쌓이면 나 역시 시야가 좁아지고 마음이 어수선할 때가 있다. 그럴 때는 먼저 심호흡을 하거나, 좋아하는 영상을 보면서 마음을 진정시키려고 노력한다. 마음이 조금 진정되고 경직된 관점이 바뀌었다 싶을 때는 의식적으로 메타인지 제어를 하기도 한다.

왜 그렇게 끙끙대고 있어?
그건 늘 있는 일이잖아?

예를 들어, 다른 인격의 내가 이런 식으로 말을 건네면 스스로도 '그래, 맞아'라고 생각하게 되면서 마음이 더 차분해진다.

나를 가장 잘 아는 '또 다른 나'의 도움을 받자
또한 마음이 불안할 때, 의식하지 않아도 다른 인격의 내가 툭 튀어나올 때가 있다.

또 그런 일로 고민하는 거야?
이제 그만두는 게 어때?

이런 식으로 말을 건네 올 때 '하지만 오늘 안에 해결해야 할 텐데…'라고 대답하면, 다른 인격의 내가 "그럼 메일만 보내. 그리고 이제 자면 돼"라는 식으로 대답한다. 이런 대화를 반복하다 보면 속이 후련해진다.

다른 사람과 대화하면서 '무거웠던 마음이 가벼워진 경험'을 해본 사람이라면 잘 알 텐데, 메타인지 제어를 통해서도 그런 느낌을 받을 수 있다. 더구나 내 뜻에 어긋나는 말을 할 가능성이 있는 타인과 달리 나를 잘 아는 자신과 나누는 대화라서 기대를 저버리는 말을 들을 일도 없다. 어떤 의미에서는 '가장 강력한 아군'이 나를 지원해 주는 것이 메타 인지 제어라 할 수 있다.

• 무슨 일이 생기면 '문제없는 나'라는 안전망이 있다

메타인지 제어는 자신을 객관화하는 데 유용한 방법의 하나이다. 오랫동안 메타인지 제어를 해 오면서 느낀 점은 다른 인격의 나라는 존재가 '안전망'이 되어 준다는 사실이다. '문제없는 나'와 '문제 있는 나'가 동시에 존재하는 가운데 "무슨 일이 있을 때 도와주는 '문제없는 나'가 있다"라는 느낌이 들면서 안전망과도 같은 안도감을 준다.

물론 실제로 무슨 일이 생기면 스스로 해결해야 한다는 점은 변함없지만, '문제가 생겨도 절대적으로 신뢰할 수 있는 사람이 곁에 있고, 언제나 정확한 조언을 해 준다'라고 느낄 수 있어 든든하다.

아무리 자신을 냉정하게 바라보는 힘이 뛰어난 사람도 메타인지 제어는 모르면 하지 못한다. '다른 인격의 나와 대

화하라니…' 하면서 눈살을 찌푸리는 사람도 있겠지만, 일단
해 보면 의외로 쉽게 할 수 있으니 꼭 시도해 보자.

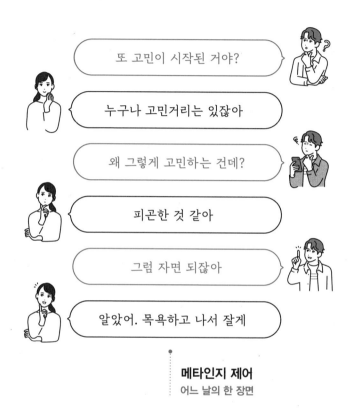

메타인지 제어
어느 날의 한 장면

비굴함을 겸손함으로
포장하지 말 것

입버릇에 자기 긍정감을 떨어뜨리는
요소가 숨어 있을 수 있다

여러분 주변에 미안하다는 말을 너무 자주 내뱉는 사람
은 없는가?

죄송합니다.
송구스럽습니다.

개중에는 자신이 이런 말을 자주 한다고 느끼는 사람

도 있을 것이다. 일본인은 '죄송합니다'라는, 본래 사과의 의미로 사용하는 말을 '고맙습니다'라는 감사의 의미로도 사용하기 때문에, 사과의 뉘앙스가 담긴 말을 자주 해도 어색하기는커녕 오히려 겸손한 사람이라고 스스로 인식하는 듯하다. 나 역시 미안한 마음에 사과의 말을 자주 하는 편이라 무심코 그런 말을 하는 마음은 이해할 수 있지만, 사과의 말을 지나치게 계속하면 무의식중에 자기 긍정감이 떨어지는 것을 느낀다. 그 사실을 깨달은 뒤로는 '말로 표현하는게 다가 아니구나' 싶었다.

내가 그렇게 생각하게 된 계기는 비즈니스 현장에서 "사과를 자주 한다"라는 지적을 받은 것이 시작이었다. 예전에 일정이 좀처럼 확정되지 않아서 미팅 약속을 잡느라 몹시 애를 먹은 적이 있다. 그 일련의 과정에서 무의식중에 사과의 말을 자주 사용했는지 마침내 상대를 만났을 때 "미안해하지 않아도 되는데 자꾸 사과한다"라는 말을 들었다. 그 말에 정신이 퍼뜩 들었다. "죄송합니다", "송구스럽습니다" 같은 말은 당시에는 별 뜻 없이 일상적으로 사용하던 말이었다. 지적을 받고 내 언행을 객관적으로 되돌아보니, 마음이 번잡할 때마다 사과의 말을 자주 사용한다는 것을 깨달았다. 또한 그럴 때는 심신이 모두 지쳐 있기 일쑤였다. 그처럼 정신적으로 불안정할 때 자꾸 사과를 하면 더욱 자신감이 사라졌다.

사과의 말에는 편리한 면도 있다. 사과할 만한 일이 아니더라도 일단 사과를 하면 갈등을 피할 수 있고, 저자세로 나가는 것이 상대와의 관계를 지키는 장벽처럼 작용하기도 한다.

그러나 필요 이상으로 사과하지 않아도 좋은 관계를 유지할 수 있어야 바람직하다. 늘 사과만 한다면 숨이 막혀 스스로 자기 목을 조르는 일이 될 수도 있다. 서로 존중할 수 있는 관계를 쌓아야 자기 긍정감을 높이는 데 도움이 된다. 평소 툭하면 사과하는 습관이 있는 사람은 주의하자.

겸손과 비하는 다르다

말이나 입버릇과 관련해서 또 하나 주의해야 할 점이 있다. PART 1에서도 언급했듯이 '비하'를 하지 않는 것이다.

전 별 볼 일 없는 사람이에요.
전 정말 한심해요.

이런 식으로 자신을 비하하는 사람이 적지 않다. 물론

향상심이나 목표가 높아서 하는 말이라면 그저 자신에게 엄격할 뿐 비하의 의미는 아닐 수 있다. 그러나 '스스로 자신을 낮추면 남한테 싫은 소리 들을 일이 없다'라는 자기방어적 수단으로서 비하하고 있다면 자칫 자기 긍정감을 떨어뜨릴 수 있다.

물론 겸손은 중요하다. "난 대단해!"라고 자만할 필요도 없지만 지나치게 자신을 부정적으로 바라볼 필요도 없다. 자신을 존중하되 세상에는 나 말고도 뛰어난 재능을 가진 사람이 많은 것이 사실이기에, 그에 대해 겸손한 자세를 보이는 것이 바람직한 태도다.

칭찬받으면 "감사합니다"라고 하는 대신 "그렇지 않아요"라고 상대의 말을 부정하는 대답을 하는 사람이 많은데, 객관적으로 봐도 칭찬받을 만한 일이라면 순순히 받아들이는 편이 좋다. 인정을 받으면 감사한 마음으로 받아들이고, 거기서 다음 단계로 나아가려면 어떻게 하면 좋을지 냉정하게 생각하면서 겸손해야 할 부분은 겸손하면 된다.

자신을 비하하는 것은 자존감이 부족하기 때문이다. 자신을 소중히 여기면서 자신감을 가지고 자존감을 높이는 것이 바람직하다. 자신을 비하하는 말을 하지 않으면 자존감을 높일 수 있다. 특히 임포스터 증후군에 빠진 사람은 자신을 부정하는 말을 자주 하는 경향이 있으니 주의하자.

사실을 사실로 인정하는 것은 오만함이 아니다

겸손한 사람은 "죄송합니다"라는 사과의 말이나 "그렇지 않습니다"라는 자신을 부정하는 말을 하지 않으면 거만해 보이지 않을까 걱정되어 마음이 불편할 수 있다.

하지만 그런 걱정을 할 필요는 없다. 사실을 사실로 인정하는 것은 거만해 보이지 않는다. 물론 상대의 칭찬에 "맞아요! 전 대단한 사람이에요"라고 한다면 상대가 머쓱해질 수도 있다. 하지만 인정해 준 것에 대해 "감사합니다"라고 솔직하게 감사의 마음을 전달한다면 아무런 문제가 없다.

미안할 때 바로 "죄송합니다"라고 하는 것이 나쁘다고 생각하지는 않는다. 그러나 칭찬의 말을 들었을 때는 솔직하게 받아들여야 상대도 기쁘다. 만일 "감사합니다"라는 말만 하기에 마음이 편치 않다면 "기대에 부응하도록 노력하겠습니다"와 같은 말을 덧붙임으로써 겸손한 태도를 충분히 표현할 수 있다.

• Column •
부정적인 감정을 느낄 때는 불일치를 찾아낸다
본래의 나와 부정적인 감정에 지배당하는 자신의 불일치를 발견한다
앞서 말했듯이, 부정적인 사고가 반드시 나쁜 것은 아니다.

부정적 사고도 이점이 있다. 억지로 '긍정적으로 생각하자' 라며 애쓸 필요는 없다.

그러나 부정적 감정이 떠올라 기분이 우울해지고 한층 더 부정적인 감정을 유발하는 부정의 소용돌이에 빠지는 것은 좋지 않다. 그러면 매사를 부정적으로 보게 되므로, 평소에는 부정적으로 인식하지 않던 것까지 부정적으로 받아들인다. 또 자신을 '한심한 인간'이라고 생각하며 자신의 능력과 성과를 부정하고 스스로에게 부정적 평가를 내리는 사람도 있는데, 이 또한 바람직하지 않다. '어차피 잘 될 리 없어', '난 이런 인간이라 어쩔 수 없어'라는 생각은 결국 실패를 정당화하고 자신과 타인에게 변명하는 것에 불과하다.

나는 이런 상태를 '네거티브 캠페인' 혹은 '마이너스 브랜딩' 이라고 한다. 임포스터 증후군을 겪는 사람은 특히 이런 상태에 빠질 위험이 크기 때문에, 네거티브 캠페인이나 마이너스 브랜딩이 시작되면 이를 알아차리고 얼른 중단하는 것이 중요하다. 부정적인 감정에 지배당하지 않을 때의 나라면 어떻게 느낄지 자문하고 '본래의 나와 어긋난 부분'을 찾아보자. 냉정하게 되돌아보면 필요 이상 자신을 깎아내리는 부분이 있는 것을 발견할 수 있으니 그 부분은 고치도록 하자.

언제나 자신을 긍정할 수 있는 사람은 많지 않지만, 필요 이상의 부정적인 태도는 자기 긍정감을 떨어뜨릴 뿐이다. 여기에 해당한다고 느끼는 사람은 주의하자.

부정적인 감정이 과하게 타오르면 주변에 털어놓자

하지만 자기 스스로 불일치를 발견하지 못할 때도 있다. 그럴 때는 진심으로 신뢰할 수 있는 사람에게 상담해 보는 것도 좋은 방법이다. 다른 사람에게 상담하는 것은 필요 이상의 부정적인 감정을 없애는 데 효과적이다. 가족이나 친구, 직장 동료나 부하 등 주변 사람들의 상담을 받다 보면 네거티브 캠페인이나 마이너스 브랜딩을 하고 있음을 발견할 때가 있다. 그럴 때는 상대의 부정적인 말에 집중해서, 정말 그러한지 불일치를 찾아 주도록 하자.

상담할 때는 한 가지 주의할 점이 있다. '공감하되 동감하지 않는 것'이다. 동조나 동감은 네거티브 캠페인을 조장하고 상대에게 강한 의존 감정을 싹트게 할 수 있다. 중요한 것은 공감이다. "당신은 그렇게 생각하는군요"라고 받아들이면서도 그 사람의 내면 문제를 해결할 수 있는지 함께 고민하는 것이 바람직한 태도이니 기억해 두자.

• summary •

지금까지 살펴본 내용을 짧게 정리해 보자

자기 긍정감을 높이기 위해서라도 안식처의 존재는 매우 중요하다. 또한 인생 각본 재검토, 리프레이밍, 메타인지 제어와 같은 심리학적 방법은 응어리진 마음을 푸는 데 효과적이다. 그러니 자신에게 맞는 방법을 시도해 보자. 그리고 무심코 사용하는 말이나 입버릇이 자기 긍정감을 떨어뜨리기도 하니 주의하자.

Chapter 4

일상 속 작은 변화로
강철 멘탈을 만드는 법

하루하루가 충실하다면 정신도 건강해진다.
마음이 유연하다면 조금 언짢은 일 정도는
잘 받아넘기거나 튕겨 낼 수 있다.
그러기 위해서는 평소의 마음가짐도 중요하다.
작은 것을 의식하는 것만으로도
마음의 병을 멀리할 수 있다.

'나'를 사랑하는 방법을
몇 가지나 알고 있는가?

어수선한 마음을 진정시키는 자기 해방의 힘

사회생활을 하면서 늘 자기 생각대로 하려 들면 주변과 갈등을 빚는다. 모든 일이 자기 뜻대로 되기는 어렵기 때문에, 때로는 자기 생각이나 감정을 억누를 필요도 있다. 그러나 항상 자신을 억누르기만 한다면 마음이 지친다. 마음의 건강을 위해서는 억눌린 자신을 해방하는 시간도 필요하다.

억압된 상태에서 자신을 해방하는 데 효과적인 방법이 좋아하는 일을 하는 것이다. 단, 좋아하는 일을 하면 그만이라는 의미는 아니다. 중요한 것은 '본연의 나'로 돌아가 마음의 활력을 되찾는 것이다. 그래서 자기 해방을 위한 포인트를 제안하고자 한다.

• '내가 좋다고 느끼는 것'을 즐겨 보자

자기 해방에 대해 상담이나 세미나에서 내가 자주 언급하는 방법은 '오감 자극하기'다. 시각, 청각, 후각, 미각, 촉각 중에서 나에게 편안함을 주고 힐링되는 것이 있을 것이다. 음악 치료나 그림 치료 같은 확립된 심리치료처럼 오감을 적절히 자극하는 방법도 효과적이다. 그러니 자신이 편안하게 여기는 것을 시도해 보자.

그런데 이렇게 말하면 "구체적으로 뭘 하면 되나요?"라는 질문을 자주 받는다. 여러분 중에서도 '어떻게 하라는 거지?'라고 생각하는 사람이 있을 수 있다. 하지만 사람마다 취향이 제각각이라서 '이게 좋다'라고 단정적으로 말할 수는 없다. 음악만 해도 저마다 호불호가 있다. 재즈를 좋아하는 사람이 있는가 하면 클래식을 좋아하는 사람이 있다. 록은 시끄럽다고 느끼는 사람이 있는가 하면 반대로 힐링된다는 사람도 있다. 취향은 사람마다 다르기에 타인의 평가에 신경 쓰지 말고, 자신이 좋다고 직감적으로 느끼는 것에 집중하는 방법이 가장 좋다. 참고로 나의 경우, 앞서 언급했듯이 요즘은 유튜브로 영상 시청하기를 좋아한다. 그때그때 기분에 따라 보고 싶은 영상도 달라지는데, 귀여운 아이들이나 동물 영상은 물론 부동산이나 인테리어 영상도 좋아하고, 타닥타닥 소리를 내는 벽난로나 눈보라, 폭우 같은 영상은 보는 것만으로도 시각과 청각을 자극해 힐링이 된다.

이 또한 앞에서 언급했는데, 향이나 향나무, 허브 등을 태우는 것도 좋아한다. 후각에 좋은 자극을 주는 동시에 불을 붙일 때의 너울거림이나 피어오르는 연기가 시각에도 좋은 자극이 된다.

좋아하는 음식을 먹으면 미각이 자극되는데, 나는 음료 중에서는 커피를 좋아한다. '하루에 한 잔은 맛있는 커피를 마시고 싶다' 정도의 수준이라 커피 중독까지는 아니지만, 커피를 마시면 마음이 편안해진다. 음식 중에서는 평범하지만 고기와 초밥을 좋아한다. 특히 젊었을 때는 좋아하는 음식을 먹는 것만으로도 해방감을 느껴 상당한 활력을 회복할 수 있었다.

• 선택지는 많을수록 좋다

여러분도 자신의 오감에 좋은 자극이 되는 것들이 떠오를 텐데, 그런 것들을 '최대한 많이 준비해 두는 것'이 중요하다. 아무리 좋아하는 것이라도 그때그때 기분에 따라 느낌이 달라진다. 전혀 즐기지 못할 때도 있으니, 되도록 선택지가 많은 것이 바람직하다.

음식을 예로 들자면, 불고기를 아무리 좋아하는 사람이라도 매번 불고기만 먹고 싶지는 않다. 좀 더 담백한 것을 먹고 싶을 때도 있다. 하지만 불고기 외에 좋아하는 음식이 없다면, 불고기를 먹고 싶지 않을 때는 좋아하는 음식으로 자기 해방을 할 수 없다.

나도 커피를 좋아한다고는 했지만, 커피 말고 부드러운 음료가 마시고 싶을 때는 허브차를 즐긴다. 집에서 TV를 보는 것도 무척 좋아하지만 영화관에 가서 큰 화면으로 즐기고 싶을 때도 있다. 이는 하나의 예시인데, 나는 그때그때 기분에 따라 선택할 수 있도록 가급적 많은 선택지를 두려고 노력한다. 한 가지를 집중해서 파고드는 것도 좋지만, 기분 전환할 수 있는 다양한 것들을 준비해 두면 자기 해방에 큰 도움이 된다.

• 어떤 상황인지도 중요하다

또한 좋아하는 일을 할 때의 '상황'도 의식해야 할 부분이다. 이를테면 나는 고기와 초밥을 좋아하는데, 요즘은 음식의 내용보다는 '누구와 함께 가는지', '어디로 가는지'가 더 중요해졌다. 평판 좋은 식당에 가면 맛있는 음식을 맛볼 수 있을지는 모른다. 하지만 몹시 까다로운 상대와 함께라면 그 맛은 반감하고 만다.

이처럼 '어떤 상황에서 더 기운이 나는지'까지 의식하면, 더 효과적으로 자기 해방을 할 수 있다.

• 나에게 주는 보상은 마음껏 즐기자

또 한 가지 내가 하고 싶은 말은 "자신에게 주는 보상은 눈치 볼 필요 없다"는 것이다. 자신이 좋아하는 것을 마음껏 즐기는 것이 가장 좋은데, 간혹 주저하는 사람이 있다. 그런 사람들은 특히 주의해야 한다.

중요한 것은 자기 해방으로 본연의 나를 되찾는 것인데, 즐거운 일이나 좋아하는 일을 할 때조차 주저한다면 마음을 리셋할 수도 없을 뿐더러 자신을 객관화하기 위한 중립적 상태가 될 수도 없다. 그러면 본연의 나를 되찾을 수 없다. 만일 자기 내면에서 마음껏 즐기는 것에 부끄러움을 느낀다면, 그 감정을 없애도록 하자. 남에게 피해를 주지 않는 한 주저할 이유는 없다.

나의 경우, 기본적인 보상은 '푹 자는 것'이다. 원하는 만큼 실컷 잔다고 하면 게으르다고 생각하는 사람도 있는데, 나에게 주는 보상에 눈치 볼 필요는 없다고 생각한다.

• 아무리 좋아하는 일이라도 후회할 일은 하지 말자

"좋아하는 일은 마음껏 하자"라고 했다고 해서 후회할 일을 한다면 자기 해방이 될 수 없다. 좋아하는 일을 통해 이뤄지는 자기 해방은 '진정한 나로 돌아가기 위해서'라는 전제가 있다. 그 점에 주의하기를 바란다.

이를테면, 쇼핑을 좋아해서 물건을 사면 스트레스가 해소된다는 사람이 꽤 있다. 그 자체는 괜찮지만, 이른바 싹쓸이 쇼핑을 한 뒤 집에 돌아와 냉정해졌을 때 '과소비를 해버렸어', '그렇게 갖고 싶었던 것도 아닌데 사다니…', '너무 많이 샀어'라고 후회한다면 주객이 전도된 경우다.

게임을 좋아하는 사람도 많다. 스마트폰으로 가볍게 즐기는 사람부터 전용 기기로 제대로 즐기는 사람까지, 이제는 완전히 친숙한 오락거리로 자리 잡았다. 휴일에 하루 종일 게임을 하며 보내는 것이 최고의 스트레스 해소법이라면 그것도 좋다. 그러나 게임에 열중한 나머지 생활 리듬이 흐트러지거나, 소위 현질을 멈출 수 없는 상황이라면 스트레스 해소는커녕 오히려 스트레스가 쌓일 것이다.

술이나 도박도 생활에 지장을 주지 않는 범위 내에서 즐기는 것은 좋지만, 좋아하는 것을 넘어서 빠져들면 문제가 발생한다. 그만두고 싶어도 그만둘 수 없는 '중독'으로까지 진행되면 본인이나 가족의 노력만으로는 끊기 힘들 때가 많아 의료기관의 도움을 받아야 한다.

좋아하는 일을 적절한 범위 내에서 즐기지 못하는 것은 '자율성'이 없다고도 할 수 있다. '나에게 주는 보상은 마음껏 하자'라고 해도 적정선이 필요하다는 것쯤은 굳이 말하지 않아도 알 것이다. 어디까지나 '자신을 확실히 제어할 수 있는 상태에서 가끔 허용되는 자유'라는 사실을 잊지 않도록 하자. 좋아하는 일로 후회할 만한 행동을 반복하는 사람은 그렇게 함으로써 '진정한 나로 돌아갈 수 있는가?'라고 스스로에게 질문해 보자.

불쾌한 환경 속에
자신을 내버려 두지 말 것

몸을 풀면 마음도 풀린다

'몸과 마음 모두'라는 말이 있듯이, 몸과 마음은 연동되어 있어서 서로 영향을 주고받는다. 몸이 안 좋으면 정신 건강에도 악영향을 준다는 것은 PART 1에서도 언급한 바 있다. 질병이나 부상이 아닌 사소한 것이라도 육체적으로 불쾌한 상태가 지속되면 정신적으로 불안정해질 수 있다.

반대로 육체적 불쾌감을 완화하면 답답했던 마음이 후련해지기도 한다. 뻣뻣해진 몸을 풀어 주면 마음도 풀리는 법이다. 정신적인 건강이 좋지 않을 때는 육체적인 부분부터 긴장을 풀어 주는 것이 중요하다. 여기서는 몸에 주는 부담 가운데 주의해야 할 세 가지를 살펴보겠다.

• 불편한 옷으로 몸을 학대하지 말자

옷을 비롯해 몸에 걸치는 의류는 육체적 불쾌감과 직결되기 쉽다. 장시간 몸에 무리를 주는 것을 몸에 걸치는 일은 되도록 피해야 한다.

멋을 내기 위해서라면 꽉 끼는 옷도 참고 입는 것이 당연하다고 생각하는 사람도 있다. 그것을 부정할 생각은 없다. 좋아하는 옷을 입는 행위가 자신감으로 연결되기도 하기 때문이다. 옷을 제대로 차려입으면 긴장감도 생기고, 좋은 의미에서 자신감 있는 모습을 보여 줄 수 있다.

그러나 아무리 기분이 좋아도 꽉 끼는 옷이 몸에 불편하다는 사실은 변함없다. 편안한 옷으로 갈아입는 것만으로도 자신을 해방할 수 있으니, 패션으로 멋을 즐길 때는 완급 조절을 적절히 해 주는 것이 좋다.

몸에 걸치는 것들 가운데 내가 개인적으로 영향이 크다고 느끼는 것이 '신발'이다. 장시간 꽉 끼거나 굽 높은 신발을 신고 있으면 발이 피로해질 뿐 아니라 기분도 우울해질 때가 있다. 특히 강연회나 TV 방송 출연 등 자세에도 세심한 주의를 기울여야 할 때는 집중하느라 통증은 못 느끼지만, 끝난 뒤에는 갑자기 힘이 빠지면서 발이 짓눌리는 듯한 느낌에 '빨리 벗어나고 싶다'라는 생각이 자주 든다.

특히 여성이라면 옷차림으로 인한 불편함을 느끼는 사람이 많을 듯한데, 기분이 울적할 때는 조금 편한 옷차림으로 신체적인 면에서부터 자신을 보듬어 주도록 하자.

• 쾌적한 환경을 유지하자

추위, 더위와 같은 기온의 영향도 무시할 수 없다. 환절기에 정신적으로 힘들어하는 사람이 적지 않은데, 일교차가 크면 자율신경의 교란으로 컨디션이 나빠지기 쉽다. 또 추우면 몸이 전체적으로 움츠러드는데, 그러면 혈액 순환도 나빠져 기분이 우울해진다. 기온 자체는 스스로 조절할 수 없지만, 옷차림이나 냉난방기 사용으로 영향을 줄일 수는 있다. 기분이 우울할 때는 너무 덥거나 너무 추운, 불쾌한 환경에 있지는 않은지 확인해 보자. 만일 그런 환경이라면 최대한 개선할 수 있도록 노력하자.

• 일이 풀리지 않으면 배가 고픈 건 아닌지 확인해 보자

배가 고프면 저혈당 상태에 빠져 뇌의 에너지가 부족해지므로 불안감이 유발될 수 있다. 배가 고파서 짜증이 나거나 집중이 안 되어 기분이 우울해진 경험을 해본 사람이 적지 않을 것이다.

　기분이 우울할 때는 식사를 제대로 했는지 되돌아보자. 집중하다 보면 끼니를 거를 때가 있는데, 오랫동안 아무것도 먹지 않았다면 무리하지 말고 좋아하는 음식을 조금이라도 먹도록 하자. 식사를 제때 해 버릇하면 몸과 마음이 안정을 찾는다. 그리고 부교감 신경이 우세해지면서 긴장도 풀리고 혈액 순환이 원활해져 기분도 점차 상쾌해진다.

우울할 때 내린 선택은
나를 더욱 우울하게 만든다

몸과 마음이 모두 건전한 상태에서
감정적이지 않을 때 판단한다

하루하루 우리는 수많은 판단을 하며 살아간다. 대부분은 그리 중요하지 않은 판단일 수 있지만, 때로는 큰 책임이 따르고 심신에 부담이 갈 정도로 중요한 판단을 내려야 할 때도 있다. 이때 수긍이 갈 만한 판단을 할 수 있다면 좋겠지만, 냉철한 판단을 하지 못해 기대에 어긋난 결과를 초래한다면 후회할 수밖에 없다. 그나마 조금 후회한 정도로 끝나면 다행이지만, 돌이킬 수 없는 사태를 초래한다면 자신감 상실과 더불어 정신적 문제를 일으킬 수 있다. 따라서 판단을 내릴 때 염두에 두면 좋은 점에 대해 알아보자.

• 되도록 몸과 마음이 모두 건전한 상태일 것

우선 적절한 판단을 내리려면 '몸과 마음이 모두 건전한 상태'여야 한다. 당연한 말로 들리겠지만 이는 정말 중요하다. 이를테면 추워서 뇌로 가는 혈류가 나빠진 데다 장시간 하이힐을 신은 발이 아파서 짜증이 난 상태라면, 컨디션이 완벽한 상태일 때와 같은 판단을 내리기가 어렵다. 될 대로 되라는 기분에 부정적인 결론을 내리기 십상이다. 그래서야 자신만 손해이니, 그럴 때는 따뜻한 방 안에서 잠시 쉬거나 입욕으로 심신을 해방하는 등 긴장을 풀고 마음을 안정시킨 후에 결론을 내리도록 하자.

딱히 언짢은 일도 없었는데 부정적으로 생각하게 되는 이유가 알고 보니 '꽉 끼는 옷이 불편해서', '발이 아파서', '추위로 몸이 움츠러들어 혈액 순환이 잘되지 않아서'일 때도 있다. 최악의 결과를 초래하지 않기 위해, 중요한 판단을 할 때는 자신이 여유가 있는 상태인지 자문해 보자. 만일 여유가 없다고 느낀다면 일단 본연의 나를 되찾고 나서 판단하는 것이 중요하다.

- **'밤의 감정'으로 선택하지 말 것**

또 한 가지 당부하고 싶은 말은 "되도록 밤에는 판단하지 않는 것이 좋다"는 것이다. 밤에는 햇빛을 쐴 수 없어서 기분이 진정되지만, 우울해지는 경향도 있다. 또 하루의 피로가 쌓여서 사고력이 저하되고 판단력도 둔화되기 쉽다. 논리적 사고가 둔해지면 감정이 우세해지기 때문에 감정적인 판단을 내리기 쉽고, 부정적으로 생각하는 경향이 있다.

이처럼 '밤의 감정'으로 판단하면 자칫 후회할 수 있으니, 푹 쉬고 나서 이튿날 판단하도록 하자. 부득이하게 밤에 판단해야 할 때는 자신이 감정적이지 않은지 객관적으로 바라보도록 노력하자.

• Column •

전문가에게 상담할 때 주의할 점

힘들 때는 전문가에게 상담하는 방법도 고려해 본다

앞서 심리 상담을 활용하는 것에 대해 언급했는데, 힘들 때는 전문가에게 상담하는 방법도 고려해 보자. 빨리 기운을 회복하기 위해서는 되도록 일찍 상담받는 것이 가장 좋지만, 기운을 잃은 뒤에라도 늦지 않다.

하지만 심리 상담과는 무관한 삶을 살아온 사람이 막상 전문가에게 상담하려면 막막할 수 있다. 심신이 건강할 때 신뢰할 만한 상담가를 찾는 것이 가장 좋지만, 도무지 찾을 수 없다면 어찌해야 하나 막막한 것이 당연하다. 따라서 상담사를 찾을 때 주의할 점에 대해 알아보자.

먼저 정보 수집부터 시작한다

먼저 제대로 활동하고 있는 상담사인지 확인하는 것이 좋다. 요즘은 웹사이트나 SNS 등을 통해 상담소나 자신을 소개하는 경우가 대부분이다. 그런 곳에서 정보를 수집해 보자.

또한 자격증 유무를 확인하는 것이 좋다. 나는 후생노동성에서 인정한 공인 심리사 자격증을 보유하고 있지만, 자격증 없이 상담하는 사람도 많다. 물론 자격증 유무만으로 판단할 수는 없지만, 어떤 자격증을 취득해 경험을 쌓아 왔는지는 신뢰할 만한 상담사를 가늠하는 하나의 지표가 된다.

상담사와의 상성도 중요하다. 내 상담실에서는 상담사들이 웹사이트에 칼럼을 쓰고 있다. 필요한 사람에게 도움을 주고자 하는 정보 전달인 동시에 상담사의 스타일과 성격을 알려 준다는 의미도 함께 담고 있다. 이런 부분도 체크해서 자신과 맞는지 판단하면 좋다.

인터넷에서 정보를 찾다 보면 이런저런 소문도 접하게 된다. 세상에 이름이 알려진 사람일수록 나쁜 소문이 떠돌 때도 많다. 그중에는 단순한 비방이나 재미 삼아 조작된 정보도 있다. 모든 정보를 무턱대고 믿지 말고 자기 감각을 신뢰하며 종합적으로 살피면서 자신에게 적합한지 판단하도록 하자.

한 번 상담 받으면 계속 받아야 하는 것은 아니다

자신에게 맞는 곳을 찾았다면, 다음 단계는 연락을 취하는 것이다. 아무리 정보를 많이 수집해도 실제로 상담을 받아 보지 않으면 어떤지 알 수 없다. 너무 어렵게 생각하지 말고 일단 한번 받아 보고, 상황을 지켜보면서 이후의 일을 생각하는 것이 좋다.

낯선 곳에 가서 1대1로 이야기하는 것이 두려울 수도 있지만, 최근에는 온라인으로 대응하는 곳도 많아지는 추세다. 온라인이라면 조금 쉽게 다가갈 수 있다.

그리고 한 번 상담을 받았다고 해서 계속 상담을 받아야 하는 것은 아니다. 계속 오라고 할까 봐 걱정하는 사람도 있을 텐데, 원래 상담은 내담자의 주체성을 중시하며 진행하는 것으로, 지속적인 상담을 유도하는 곳은 피해야 한다. 물론 나도 이야기를 들어본 뒤 "2주 후쯤 다시 오시는 게 좋겠습니다"라고 제안할 때도 있다. 그러나 강요는 하지 않는다. 내담자의 주체성을 존중하지 않고 강하게 권유하는 곳이라면 신뢰하기 힘들다는 증거일 수도 있다. 그럴 때는 분명하게 거절하고 다른 곳을 찾아보는 편이 낫다.

새로운 상담실을 방문하면 그때마다 비슷한 질문을 받고 비슷한 이야기를 해야 한다. 처음에는 지겹기도 하고 피곤할 수 있다. 좋은 상담사를 만나지 못하면 화도 나지만 시간과 비용적으로도 부담이 크다. 그러나 좋은 상담사를 만나면 정신 건강에는 더할 나위 없이 긍정적인 영향을 미친다.

무엇보다 꼭 알아 두었으면 하는 것은 상담사는 '한 번 인연을 맺은 내담자와는 평생 함께한다'라는 마음가짐으로 상담에 임한다는 사실이다. 상담사는 내담자가 삶의 중요한 부분이나 비밀을 드러내야 하는 사람이다. 상담사에게 '한 번 인연을 맺은 내담자와는 평생 함께한다' 정도의 의지와 각오가 없다면 내담자도 안심하고 털어놓을 수 없다. 따라서 상담을 할 때는 '그 상담사가 평생 동행할 수 있는 사람인가'라는 점도 고려해서 상담사를 선택하는 것이 좋다.

자신이 좋다고 생각하는 것을 강하게 권유하는 상담사는 주의하자

상담사를 판단할 때 또 한 가지 주의할 점이 있다. 본인이 좋다고 생각하는 것을 강하게 권유하는 상담사는 주의하도록 하자. 취향은 사람마다 다른 법이다. 특정한 것에 대해 "이게 무조건 좋다"라는 식의 말을 해서는 안 되지만, 개중에는 강하게 권유하는 사람도 있다. 그럴 때는 조심해야 한다.

물론 내담자 중에는 상담사가 좋다고 생각하는 것에 관심을 가지는 사람도 있고, 실제로 나도 자주 질문을 받는다. 이를테면 나는 신사나 사찰 순례를 좋아해서 SNS에 "○○에 다녀왔습니다"라는 게시물을 올리곤 하는데, 그것을 본 내담자가 "좋던가요?"라고 물을 때가 있다. 그럴 때 나는 "좋든 나쁘든 제 마음이 편안해지는 장소예요"라는 식으로 사실만 전달하고자 노력한다. 이는 평소에도 조심하는 부분이다. 전문가가 "좋다"고 하면 무조건 '좋다'고 생각할 가능성이 있기 때문에 강요하는 것처럼 전달되지 않도록 유념하고 있다. 언론 인터뷰에서도 "구체적으로 어떤 것이 좋은지 알려 달라"는 요청을 자주 받지만, "어디까지나 제가 좋다고 생각하는 것일 뿐 누구에게나 좋은 건 아니라는 점도 꼭 써 주세요"라고 강조한 뒤 구체적인 예시를 든다. 개인적으로 좋다고 생각하는 것을 선택지의 하나로 알려 주는 정도는 괜찮지만, 특정한 것을 강요하거나 단정 짓는 것은 전문가로서 바람직한 태도가 아니니 주의하자.

또 상담을 점술 같은 것과 섞어서 하는 사람도 있다. 점술을 부정할 생각은 없다. 본인이 원한다면 그것도 상관없다고 생각한다. 다만, 돌이나 수정구슬 같은 물품 구매를 권하는 일부의 사례도 있는데, 그런 물건은 심리 상담에는 필요 없는 것들이다.

이 외에도 SNS 등을 통해 상담사가 부담 없이 응대해 주는 경우도 있는데, 이와 같은 경우 안이한 생각으로 상담하는 경우가 많아 근본적인 해결로 이어지지 않는다. 쉽게 해결하려다 오히려 더 꼬일 수도 있으니 신중하게 대처하자.

상담사는 진단을 내리고 병명을 알려 줄 수 없다

마지막으로, 상담사는 "진단을 내리고 병명을 알려 줄 수 없다"는 점도 기억해 두었으면 한다.

내담자 중에는 의료기관에 가는 것은 꺼려지지만 상담이라면 받겠다는 사람이 있다. 그런 사람들이 '공인 심리사라면 병명도 알겠지'라는 생각에 답변을 요구할 때가 있다.

그러나 의사가 아닌 상담사가 병명을 결정하는 대답을 해서는 안 된다. 정보가 넘쳐 흐르는 요즘에는 정신질환에 대해 자세히 알아본 내담자가 "이 병인 것 같다"라고 할 때가 있는데, '그럴 수도 있겠다'라는 생각이 들더라도 "그런 경향이 있다고 생각하시면 그에 맞는 치료를 하는 것이 중요하지만, 구체적인 병명에 대해서는 제가 답변드릴 수 없습니다"라는 식으로 대답한다. 물론 정신과 의사가 상담할 때는 병명을 말할 수 있다. 하지만 그것도 의료기관 같은 의료 행위가 인정되는 장소에서 상담하는 경우다. 내 상담소에도 정신과 의사가 있지만, 의료법인이 아닌 민간 법인이므로 '우울증이다', '공황장애다', '인격장애다'라고 생각해도 병명을 말하지는 않는다. 그 정신과 의사는 클리닉에서도 근무하고 있어서, 병의 진단을 원할 때는 그곳에서 진료를 받도록 하고 있다. 또한 의료 행위가 허용되지 않는 상담소에서는 약 처방전도 발급할 수 없다.

이처럼 구체적인 질병을 전제로 상담을 진행하려면 일단 의료기관에서 의사의 진단을 받아야 한다. 이런 사항을 명확하게 구분해서 상담을 진행하는 것이 중요하다. 개중에는 내담자와 적절한 거리를 유지하지 못하고 의존관계를 강화하는 상담사도 있다. 내담자 입장에서는 편안하다고 착각하기 쉬운 환경이지만, 직업윤리 위반도 불사하는 태도로 진행되는 상담이 얼마나 적절하게 이뤄질지는 의문이 남는다.

• summary •

지금까지 살펴본 내용을 짧게 정리해 보자

자기 해방을 통해 본연의 나로 돌아갈 수 있는 시간을 갖는 것이 중요하다. 그러니 자기 해방을 이끌어 내는 선택지를 많이 마련해 두도록 하자. 또 육체적 불편함은 정신에도 나쁜 영향을 미칠 수 있으니 몸을 푸는 것이 곧 마음을 푸는 것임을 기억하자. 또한 힘들 때는 무리하지 말고 전문가에게 상담하는 것도 고려해 보자.

Chapter 5

다른 임포스터에게
손길을 건네는 법

이제 임포스터 증후군에 대해 어느 정도
이해가 깊어졌으리라 생각한다.
'나는 안 그렇지만 가족이나 친구, 부하나 동료 등
주변에 임포스터 증후군인 것처럼
보이는 사람이 있는' 사람도 있을 것이다.
그래서 마지막으로 '임포스터 증후군일 수도 있는'
사람을 대하는 방법에 대해 알려 주고자 한다.

수용하되
동조하지 말 것

임포스터 증후군처럼 보이는 사람을 대할 때는
수용적 태도를 보인다

지금까지 설명했듯이, 임포스터 증후군에 빠진 사람은 자신감이 없고 남을 속이고 있다고 느낀다. 그런 상대의 심정을 염두에 두고 대화할 때는 수용적인 태도로 대하자. 상대의 페이스에 휘둘리지 않도록 마음의 거리를 유지하는 것도 중요하지만 이야기의 내용이나 생각, 감정, 존재 자체를 무조건 받아들이면 상대는 안심하고 이야기할 수 있다. 말은 물론 표정과 태도, 목소리 톤과 같은 비언어적 소통을 통해서도 수용적 태도를 보여 주도록 하자.

또 "임포스터 증후군으로 고민하지 않는 사람은 진짜가 되려는 노력이나 진짜가 된 척을 잘하는 것일 뿐 완벽해서 고민하지 않는 건 아니다"라는 사실을 알려 주자. 모든 것을 완벽하게 아는 사람, 완벽하게 행동할 수 있는 사람은 존재하지 않는다는 것을 알려 주는 것이 중요하다.

상대의 네거티브 캠페인, 마이너스 브랜딩에 동조하지 않는다

네거티브 캠페인·마이너스 브랜딩에 대해서는 이미 앞에서 설명했다. 임포스터 증후군에 빠진 사람은 특히 자신의 능력과 성과를 부정하면서 스스로에게 부정적인 평가를 내리는 경향이 있다. 그런 부정적인 말에 초점을 맞춰 그것이 정당한 평가인지, 필요 이상 깎아내리는 부분은 없는지 함께 생각하면서 객관적으로 볼 때의 그 사람과 그 사람이 주관적으로 보는 그 사람과의 불일치를 찾아내도록 하자.

이를 위해서는 자기 노출이 필요할 수도 있다. 자신이 성장 과정에서 어떤 어려움에 부딪혔고, 어떻게 극복했는지 등을 이야기하면 상대방도 '나만 그런 게 아니구나'라고 안도하며 마음을 쉽게 열 수 있다. 쉬운 일은 아니겠지만 공감하는 마음으로 다가가도록 노력하자. 또한 앞서 강조했듯이, 이야기를 들을 때는 '공감은 하되 동감(동조)하지 않는 자세'도 잊지 않도록 하자.

공감: 당신은 ○○한 기분이 들었군요.
(상대의 감정에 초점을 맞춘다)

→ 말하는 사람인 상대의 축이 주축이 된다.
　당신에게 발생한 문제라는 인식을 심어 줄 수 있다.

동감: 저도 같은 생각이에요. 저도 같은 심정입니다.

→ 듣는 사람인 자신의 축이 주축이 된다.
　마음의 거리가 가까워져 강한 의존 감정이 싹튼다.

공감하는 자세로 "함께 해결하자"라는 메시지를 전달할 수 있다면 동행자로서의 위치가 확립된다. 그러나 단순히 동감만 한다면 상대가 의존할 위험성이 커진다.

상대를 긍정하고 좋은 부분에 초점을 맞춘다

네거티브 캠페인이나 마이너스 브랜딩과 같은 상대의 '부정적인 부분'에 동조하지 않는 동시에, 상대가 노력하고 성취한 것 등 '긍정적인 부분'에 초점을 맞춰 칭찬하는 것도 중요하다. "난 별 볼 일 없는 사람"이라고 말하는 사람일지라도 분명 어딘가에 칭찬할 만한 부분이 있다. 그 부분을 확실히 전달해 상대방의 멋진 면모에도 눈길이 가게 하자.

그리고 한 인간으로서 긍정하는 마음을 가지는 것도 잊지 않도록 한다. 인간으로서 내재된 가치를 인정하고, 무조건 있는 그대로 받아들이는 자세를 보이는 것도 상대의 자기 긍정감을 높이는 데 도움을 준다.

그리고 성별이나 인종, 나이와 같은 요소들은 그 사람의 가치와는 무관하다는 인식을 심어 주면서 자기 효능감을 형성하도록 유도하자. 이처럼 상대를 격려함으로써 인생 각본으로 인한 편견이나 고정관념이 불러온 행동에 대한 불안을 완화할 수 있다.

자기 인정
유도하기

자기 인정을 유도해 자신의 진가를
제대로 인식시킨다

자신을 의심하는 상태에 빠지는 것은 누구에게나 일어
날 수 있는 일이다. 물론 대부분은 일시적인 현상으로 끝나
지만, 임포스터 증후군에 빠지면 그 심리 상태에서 쉽게 벗
어나지 못한다. 성공을 해도 운이나 팀원들 덕분이라고 생
각하며 자신의 재능이나 노력을 과소평가하기 때문이다. 따
라서 상대를 긍정하고 칭찬하는 것도 중요하지만, 상대가 그
런 긍정이나 칭찬을 받아들여 스스로 자신을 인정하도록

유도하는 것 또한 중요하다. 자신의 진가를 제대로 인식하는 것은 임포스터 증후군의 극복으로 이어진다. 여기에서는 자기 인정을 유도하는 요령에 대해 알아보자.

자신을 있는 그대로 바라본 다음 미래의 자신에게 초점을 맞춘다

자기 인정을 유도할 때는 '현재의 나 → 과거의 나 → 미래의 나'라는 시간 축을 의식하는 것이 포인트다. 그 사람의 '현재'는 '과거'가 있기에 존재한다. 그것을 받아들인 다음 '미래'에 대한 목표를 가지고 살아가도록 유도하는 것이다.

먼저 과거를 돌아보며 현재의 '있는 그대로의 나'를 바라보는 것부터 시작한다. 과거에는 많은 일들이 있었을 테고, 되돌아보면 다양한 사건과 감정이 떠오를 것이다.

그때 이런 일이 있었지…
그때는 참 힘들었지만, 이렇게 이겨 냈어…
그 뒤에 그런 기쁜 일이 생겨서 동료들과 함께 기뻐했지…
근데 그 뒤에 또 안 좋은 일이 있었어…

어떤 과거가 있었든, 좋은 일이든 나쁜 일이든, 전부 현재의 그 사람을 만들어 낸 것들이다. 지난 일들을 하나하나 찬찬히 돌아보면 수많은 역사가 겹겹이 쌓여 오면서 '지금의 나'라는 존재가 만들어졌다는 것을 깨달아 나라는 존재의 깊이를 느낄 수 있다.

그렇게 과거의 나를 포함해 있는 그대로의 나를 받아들일 수 있다면, 다음은 '미래의 나는 어떤 모습이 되고 싶은가?'에 초점을 맞춘다. 미래의 나를 상상하는 것이다.

과거를 포함한 현재의 나를 수긍하고 인정할 수 있게 되면, 자신을 부정적으로 인식하는 감정도 조금씩 약해진다. 그런 상태에서 '미래의 나는 어떤 모습이 되고 싶은지'를 상상하면, 자꾸 부정적이던 마음에도 변화가 생겨 긍정적으로 바라보게 된다.

역사를 쌓아 온 내가 있고, 지금도 마찬가지로 차곡차곡 경험을 쌓아가고 있어.
미래의 나 역시 이 경험을 바탕으로 어려운 일을 헤쳐 나갈 수 있을 거야.

이를테면 이런 식으로 미래의 나까지 포함해 자신을 인정할 수 있는 마음이 생긴다. 스스로를 부정적으로 인식하고 과소평가하던 사람이 미래를 긍정적으로 바라볼 수 있게 되는 것이다.

상대가 자신을 인정하지 못하면 억지로 인정하게 할 필요는 없다

이런 식으로 자기 인정을 유도하는 방법은 실제 상담에서 사용되는 기법인데, 당연히 상대가 자신을 인정하지 못할 때도 있다. 자기 인정을 유도해도 상대가 자신을 부정한다면, 그것도 괜찮다. 인정하는 데는 타이밍이 있다. 상대가 지금의 자신을 부정적으로 본다면 '아직은 자신과 마주할 때가 아니다'라고 이해해 주도록 하자. 억지로 긍정하게 하거나 긍정할 때까지 대화할 필요는 없다. 이야기를 끝내도 괜찮다.

자신감이 없고 자기 긍정감이 낮으면 스스로 자신을 인정하기가 쉽지 않다. 어쩌면 인생 각본에 문제가 있을 수도 있다. 리프레이밍이나 메타인지 제어 등을 통해 인생 각본을 다시 쓴다면 자신을 긍정할 수 있지만, 상대의 마음이 좀처럼 바뀌지 않더라도 당연한 일이라고 인식하자. 상담에서도 처음에는 현재의 자신을 치유하는 것부터 시작한다. 모든 사람이 처음부터 "지금의 나를 인정해 주자"가 되지도 않거니와 내담자의 과거를 함부로 캐묻는 일도 하지 않는다. 이를테면 객관적으로 봐도 열심히 하는 모습에 "이렇게 노력하고 계시잖아요"라고 해도 내담자는 "제가 한 게 뭐 있어야죠"라는 식의 부정적인 대답을 할 때가 많다. 그런 상황에서 자신을 인정하도록 유도하기란 쉽지 않다.

그럴 때는 "지금 내 안에서 일어나는 문제는 무엇인가?"라는 방향으로 이야기를 파고든다. 자신을 인정하지 못하는 이유를 찾아내는 것이다. 힘든 일이나 슬픈 일 등 부정적인 감정이 겉으로 드러나면 전부 받아들인다. 부정적인 이야기만 이어지다 상담이 끝날 때도 있지만, 앞으로 나아가는 데 필요한 단계다. 이 과정을 몇 차례 반복하다 보면 자연스레 마음도 차분해진다. 마음이 안정되면 현재의 나를 있는 그대로 바라볼 수 있게 된다. 그때가 바로 자신을 인정할 수 있는 타이밍이다. 그러면 비로소 자기 인정을 유도하는 이야기로 들어갈 수 있다.

왜 부정하는지 함께 고민한다

이처럼 '상대가 아무리 자신을 부정해도 받아들인다'는 것을 기억해 두자. 점점 더 부정의 소용돌이에 빠져든다면 그래도 상관없다. 그대로 받아들이자. 중요한 것은 '왜 부정하는가?'를 함께 고민하는 것이다. 억지로 긍정하게 하지 말고 '더 이상 나빠지지 않도록 하자' 정도로만 생각해 두자. 마침내 상대가 자신을 받아들일 수 있는 환경에 있음을 깨닫고 안도하면 자연스레 마음이 가벼워지면서, 점차 자신의 장점을 깨닫는 타이밍이 온다. 그때 자기 인정을 유도하도록 하자.

상대의 부정적인 말만 듣는 일은 괴로울 수 있다. 내 기분까지 가라앉고, 힘이 되지 못하는 것에 대한 한심함, 답답함, 상대에 대한 안타까움 등 여러 감정이 교차할 것이다. 그러나 상대도 그만큼 힘들기에 나오는 말임을 헤아려 주도록 하자.

우울할 때 주위에서 아무리 위로해 줘도 '오히려 더 우울해진' 경험은 누구나 한 번쯤 있을 것이다. 마찬가지로 선의로 하는 말이라고 해서 상대의 마음에 쉽게 도달하는 것은 아니다. 상황에 따라 완전히 다르게 받아들일 수 있으니, 인내심을 가지고 다가가도록 하자.

하지만 이처럼 상담 과정에서 하는 일을 적절하게 해내기란 쉽지 않다. 무리하다가 상대와의 관계가 어색해지거나 깨져버린다면 오히려 역효과가 날 수 있다. 쉽지 않겠다 싶을 때는 전문가의 힘을 빌리는 방법도 고려해 보자.

• Column •

목표와 목적을 설정하는 요령

목표를 이루기 위한 하위 목표를 적절히 설정한다

미래의 내 모습을 상상할 때는 목표와 목적을 정하면 상상하기 쉽다. 이는 인생 각본을 다시 쓸 때도 마찬가지다. 목표와 목적을 확실히 설정하고 자신이 가야 할 길을 명확히 하는 것은 마음 건강에도 긍정적으로 작용하는 경우가 많다.

다만, 목표와 목적을 세우는 데도 요령이 있다. 흔히 큰 목표와 목적만 세우는 사람이 있는데, 이는 피하는 것이 좋다. 큰 목표와 목적만 세우면 목표까지의 거리가 멀어지기 때문에, 좀처럼 목표가 가까워지지 않을 때 무력감과 함께 자신의 역량 부족을 자주 느끼게 된다. 그로 인해 좌절한다면 오히려 마이너스다. 그렇다고 목표와 목적을 작게 세우면 된다는 의미는 아니다. 큰 목표와 목적을 설정하는 것은 상관없다. 중요한 것은 최종 목표에 도달하는 과정에 간단한 하위 목표를 여러 개 설정하는 것이다.

예컨대 경제적 이유로 이혼할 수 없는 경우, 이혼을 목적으로 최종적으로 월급 100만 원 인상을 목표로 삼았다고 치

자. 하지만 특별한 자격증도 없는 상태에서 갑자기 100만 원을 올리기란 어려울 수 있다. 그래서 우선 20~30만 원 인상이라는 하위 목표를 세우는 동시에 자격증 취득도 목표로 삼는다. 그리고 20~30만 원이 오르면 다음은 50만 원, 이런 식으로 차근차근 경제적으로 자립하기 위한 목표를 쌓아 간다. 꾸준히 하위 목표를 달성해 나가면 그때마다 성취감을 느끼고 자기 효능감도 높아진다. 자연스레 자신감도 붙고 이혼이라는 큰 발걸음을 내딛는 일도 수월해진다.

이처럼 목적이나 목표를 세울 때는 최종 목표에 이르는 경로를 생각하며 몇 가지 하위 목표를 세우는 것이 중요하다.

• summary •

지금까지 살펴본 내용을 짧게 정리해 보자

임포스터 증후군으로 보이는 사람을 대할 때는 수용적 태도를 유지하고, 대화를 나눌 때는 동감이 아닌 공감을 하도록 하자. 또 자신을 부정하지 않고 인정할 수 있도록 자기 인정을 유도하는 것도 중요하다. 다만, 자신을 부정하는 상태인 사람이 자신을 인정할 수 있으려면 때를 기다려야 함을 잊지 말자.

저는 2007년에 임포스터 증후군을 처음 알게 되었습니다. 그때는 지금 대표를 맡고 있는 살롱을 설립하던 무렵이었습니다. 정신적 학대나 가정 폭력 피해자를 지원하는 과정에서 겉으로 보기에는 무척 멋진 사람인데도 자신을 과소평가하고 부정하는 여성을 만나면서 '왜 저럴까?'라는 궁금증이 들어 조사하기 시작한 것이 그 계기였죠.

당시 일본에서는 임포스터 증후군에 대해 거의 알려지지 않았었는데, 지금 생각해 보니 저 자신도 임포스터 증후군이 의심되는 경험을 하고 있던 시기였습니다. 마침 공인 심리사로 언론에 막 소개된 시기여서 주변 환경이 급격히 바뀌었고, 겉으로는 화려해 보이지만 너무 큰 변화가 당혹스러워 두려움마저 느꼈던 것 같습니다.

그때와 지금은 세상이 많이 달라졌습니다. 인간의 본질 자체는 변하지 않았다고 생각하지만, 지금은 쉽게 열광하다가도 손바닥 뒤집듯 내던지는 일이 당연하다는 듯 일어나는 시대입니다. 이는 마음의 병을 유발하는 원인이기도 하지만, 누구나 자신의 의견을 자유로이 표현할 수 있게 된 사회가 되면서 이런 흐름은 쉽게 멈추지 않을 듯합니다. 저는 임포스터 증후군으로 인해 생기는 다양한 심리적 문제가 앞으로 더 심각해지지 않을까 우려됩니다.

그런 가운데 임포스터 증후군으로 고통받는 사람들에게 조금이나마 도움이 되고픈 마음에 제가 알고 있는 모든 것을 이 책에 담았습니다. 그리 쉽지 않겠다 싶은 것도 있겠지만, 마음 가는 것만이라도 좋으니 꼭 일상생활에 적용해 보시기 바랍니다.

끝까지 읽어 주셔서 감사합니다.

여러분이 평온하게 살아가는 데에 조금이나마 보탬이 되었으면 합니다.

2023년 5월 오다카 지에

KI신서 11969

가면을 벗어던질 용기

진짜 내 모습을 들킬까 봐 불안한 임포스터를 위한 심리학

1판 1쇄 인쇄 2024년 8월 21일
1판 1쇄 발행 2024년 9월 4일

지은이 오다카 지에
옮긴이 정미애
펴낸이 김영곤
펴낸곳 (주)북이십일 21세기북스

인문기획팀 팀장 양으녕 **책임편집** 서진교 **마케팅** 김주현
디자인 표지 studio forb **표지 일러스트** 김슬기 **본문** 푸른나무디자인
해외기획실 최연순 소은선
출판마케팅영업본부장 한충희
마케팅2팀 나은경 정유진 백다희 이민재
영업팀 최명열 김다운 권채영 김도연
제작팀 이영민 권경민

출판등록 2000년 5월 6일 제406-2003-061호
주소 (10881) 경기도 파주시 회동길 201(문발동)
대표전화 031-955-2100 **팩스** 031-955-2151 **이메일** book21@book21.co.kr

(주)북이십일 경계를 허무는 콘텐츠 리더

21세기북스 채널에서 도서 정보와 다양한 영상자료, 이벤트를 만나세요!
페이스북 facebook.com/jiinpill21 **포스트** post.naver.com/21c_editors
인스타그램 instagram.com/jiinpill21 **홈페이지** www.book21.com
유튜브 youtube.com/book21pub

당신의 일상을 빛내줄 탐구 생활 〈탐탐〉
21세기북스 채널에서 취미생활자들을 위한 유익한 정보를 만나보세요!

© 오다카 지에, 2024
ISBN 979-11-7117-647-2 (03180)